प्रतिनिधि कविताएँ

भवानीप्रसाद मिश्र

सम्पादन
विजय बहादुर सिंह

राजकमल पेपरबैक्स

राजकमल पेपरबैक्स में
पहला संस्करण : 2014
छठा संस्करण : 2025

राजकमल पेपरबैक्स : उत्कृष्ट साहित्य के जनसुलभ संस्करण

राजकमल प्रकाशन प्रा.लि.
1-बी, नेताजी सुभाष मार्ग, दरियागंज
नई दिल्ली-110 002
द्वारा प्रकाशित

शाखाएँ : अशोक राजपथ, साइंस कॉलेज के सामने, पटना-800 006
पहली मंजिल, दरबारी बिल्डिंग, महात्मा गांधी मार्ग, प्रयागराज-211 001
1, अनमोल सोराबजी सन्तुक लेन, धोबी तलाव, मरीन लाइंस, मुम्बई-400 002
वेबसाइट : www.rajkamalprakashan.com
ई-मेल : info@rajkamalprakashan.com

बी.के. ऑफसेट
नवीन शाहदरा, दिल्ली-110 032
द्वारा मुद्रित

मूल्य : ₹199

PRATINIDHI KAVITAYEN
Poems by Bhawani Prasad Mishra
Edited by Vijay Bahadur Singh

ISBN : 978-81-267-2651-6

भवानीप्रसाद मिश्र

बीसवीं सदी की हिन्दी कविता में अपने अलग काव्य-मुहावरे और भाषा-दृष्टि के साथ-साथ स्वदेशी चेतना की तेजस्विता और कविता की प्रतिरोधक आवाज की पहचान बने भवानी प्रसाद मिश्र का जन्म 29 मार्च, 1913 को जिला होशंगाबाद के नर्मदा-तट के एक गाँव टिगरिया में हुआ। 1930 में उन्होंने लिखा—'जिस तरह हम बोलते हैं उस तरह तू लिख।'

जीवन की शुरुआत मध्य प्रदेश के ही बैतूल जिले में एक पाठशाला खोलकर की किन्तु सन् बयालीस के भारत छोड़ो आन्दोलन में लगभग तीन साल का कैदी जीवन बिताने के बाद गांधी और उनके सहयोगियों के साथ रहे। कुछेक दिनों तक 'कल्पना' (हैदराबाद) के सम्पादकीय साथी रहे, फिल्मों में भी गए किन्तु थोड़े ही दिनों बाद बम्बई आकाशवाणी से होकर दिल्ली आ गए। जल्दी ही आकाशवाणी का दामन छोड़ 'सम्पूर्ण गांधी वाङ्मय' के हिन्दी खंड के सम्पादक बने। बाद में 'गांधी मार्ग' जैसी विशिष्ट पत्रिका के सम्पादक के रूप में साहित्यिक पत्रकारिता की एक रचनात्मक धारा का प्रवर्तन करते रहे। आपातकाल के विरोध में लिखी कविताओं के नाते अत्यधिक चर्चित।

भवानी प्रसाद मिश्र रचनावली के कुल आठ खंडों के अलावा कवि के अन्य चर्चित कविता-संग्रह हैं—*गीत फ़रोश, चकित है दुख, अँधेरी कविताएँ, बुनी हुई रस्सी, खुशबू के शिलालेख, कालजयी* (खंडकाव्य), *गांधी की पंचशती, मान सरोवर दिन, शरीर कविता, फसलें और फूल, त्रिकाल-संध्या, इदं न मम्, परिवर्तन जिए, अनाम, तुम आते हो* आदि।

जिन्होंने मुझे रचा, कुछ नीति कुछ राजनीति आदि उनकी चर्चित गद्य-रचनाएँ हैं। दूसरा सप्तक (1951) के पहले कवि।

गीत फ़रोश, सन्नाटा, सतपुड़ा के जंगल, जेल में बरसात, चार कौए उर्फ चार हौवे कवि की बहुचर्चित कविताएँ हैं।

20 फरवरी, 1985 को गृहनगर नरसिंहपुर में हृदयाघात से आकस्मिक मृत्यु।

भूमिका

कवि भवानी प्रसाद मिश्र की कविताएँ आज़ादी मिलने से पहले के डेढ़-दो दशक से लेकर बाद के लगभग चार दशकों तक फैली हुई हैं। लगभग तीन हज़ार कविताओं में से कवि की प्रतिनिधि कविताओं का चयन चुनौती भरा कहा जा सकता है। रुचियों और दृष्टियों की भिन्नता के चलते यह चयन भिन्न-भिन्न भी हो सकता है। होना भी चाहिए क्योंकि इससे कवि-सर्जना की बहुआयामिता ही सूचित होती है।

महान छायावादियों के बाद आधुनिक हिन्दी कविता के परिदृश्य पर जो कवि अद्वितीय काव्य-नक्षत्र की तरह उभरे, वे अज्ञेय और मुक्तिबोध हैं। शमशेर और नागार्जुन भी। इसमें अपनी स्वतंत्र और मौलिक काव्य-आभा लेकर उतरने वाले कवि का नाम भवानी प्रसाद है। तमाम क़िस्म के सिंथेटिक के बीच खुरदरी खादी जैसी विरल उपस्थिति। यों यह खुरदरापन नागार्जुन में भी ख़ूब है पर भवानी प्रसाद मिश्र के खुरदरेपन में मार्क्स की जगह गांधी का तेज और ताप झिलमिला रहा है। एक बड़े और व्यापक अर्थ में देशी मनोचेतना का वह लावण्य जो आधुनिकता, नएपन और विकास की चकाचौंधपूर्ण जगमगाहट के बावजूद अपने रूप-रंग और ज़मीनी स्वाद के चलते अभी भी लोकग्राह्य है।

बीसवीं सदी के तीसरे दशक से लेकर उसके नौवें दशक की शुरुआत तक कवि भवानी प्रसाद मिश्र की अनथक संवेदनाएँ लगातार सफ़र पर रही हैं। गांधी युग से लेकर कई प्रधानमंत्रियों के काल-खंड के बीच यात्रारत इन कविताओं का चेहरा-मोहरा, इनका मनोभाव काफ़ी कुछ बदलता रहा है। पहले की कविताओं में नए जीवन-सपनों का उल्लास, उत्साह और आमंत्रण है। यत्किंचित् आक्रोश, आक्रामकता और भावातिरेक भी। तब भी कवि द्वारा अनुभव किया और रचा गया जीवन हमें आकृष्ट और विमुग्ध करता है। इससे भी कहीं अधिक यह हमें एक ऐसे काव्य-लोक में ले जाता है जिसमें

परम्परागत हिन्दी-उर्दू कविता के संयुक्त मुहावरे एक साथ खड़े दिखाई देते हैं। वह नई या आधुनिक कविता जो बहुत तेज़ी से पश्चिमोन्मुख शहरी मध्यवर्ग और परदेशी बौद्धिकता के व्यामोह से ग्रस्त हो उठी थी, इस कवि ने न जाने क्यों उसे नहीं स्वीकारा! विपरीत इसके यह उसी स्वतंत्र देशी राह पर चलता रहा जिसमें नवनिर्माणकारी सपनों की भरमार और अकूत आत्म-बल का सौन्दर्य था। फलतः हमें एक ऐसी पौरुषवान कविता मिली जिसमें जितना जुझारूपन था, उतनी ही दुर्दमता और अपराजेयता भी। वस्तुतः यह मनुष्य ही नहीं, समस्त लोक और प्रकृति की स्वाधीनता का अपना समूहगान था, जिसे यह कविता प्रतिध्वनित कर रही थी। इसीलिए इसमें न तो अकेलापन और अजनबीपन था, न कातरता और निरुपायता। यह वह तेजस्वी और तीक्ष्ण कविता थी, जो अपने प्रवाह में रसमय और रससिक्तकारी थी।

गांधी और रवीन्द्रनाथ पर 'एक महामनुष्य और एक महाकवि' शीर्षक से अपनी महत्त्वपूर्ण पुस्तक 'पत्र मणि पुतुल के नाम' में कुबेरनाथ राय ने इस तथ्य का उल्लेख किया है कि उन्नीसवीं सदी तक आते-आते अपनी प्रतिष्ठा का जो मुक़दमा भारत हार चुका था उसे अन्तिम पराजय से बचाने वालों में गांधी के अलावा जो तीन अन्य थे वे विवेकानन्द, रवीन्द्रनाथ और अपेक्षाकृत अल्पज्ञात नाम कला-चिन्तक आनन्द कुमार स्वामी का है। ये वे लोग थे जिन्होंने भारतीय अस्मिता की रक्षा की। इनमें निश्चय ही सबसे प्रमुख गांधी थे जिन्होंने विश्व-इतिहास और संस्कृति की अदालत में भारत की आत्मा की सूक्ष्मता का सौन्दर्य प्रकट किया और हारी हुई लड़ाई जीती। आधुनिक हिन्दी कविता में इस लड़ाई को अगर अकेला कोई एक कवि लड़ता रहा तो वह नाम भवानी प्रसाद मिश्र का है।

अतिवादी बौद्धिकता के स्थान पर नैसर्गिक भाव-प्रवणता, जटिलता की जगह सहजता, मिथ्या काव्याडम्बर और लोकविमुखता के बदले काव्योचित सादगी और लोकोन्मुखता, व्यक्तिवादी मनोभूमियों के बदले सामूहिकता का अनुभव-संगीत और प्रवाहमयता कवि भवानी प्रसाद मिश्र की विशेषता कही जा सकती है। यानी कि अलंकरणहीन, सहज स्वाभाविक या कहें प्राकृतिक सरलता, जिसमें मानव-सभ्यता के बीज कुछ इस तरह झिलमिला रहे हों जैसे सुविकसित वृक्ष में उसका बीज झिलमिला रहा होता है। कवि भवानी प्रसाद मिश्र ने इसे ही लिखने से कहीं अधिक बोलना कहा और पढ़ने से कहीं अधिक सुनने की माँग की। अकारण ही नहीं, उनकी कविताओं में तुम, वे, मैं प्रायः मौजूद रहते हैं और कवि की आवाज़ एक ऐतिहासिक पुकार की

तरह सुनाई देती रहती है। चूँकि यह आवाज़ मर्म से उठी है इसलिए यह हमारे मर्मस्थलों तक पहुँच हमें वेधती और विकल भी करती है। हम इस आवाज़ में अपनी आवाज़ मिलाए बग़ैर रह नहीं सकते। ऐसा न होता तो कवि भवानी प्रसाद मिश्र तमाम लोकप्रिय मंचीय और गोष्ठीप्रिय कथित गम्भीर कवियों के बीच इतने स्वीकृत और समादृत कैसे हो पाते!

निश्चय ही इस कविता की निगाह उच्चगामी एवं उदात्त है तथापि यह श्रमशीलता, ईमानदारी और पारस्परिकता के शील की माँग करती है। यह वह कविता भी है जो हमें भय के अँधेरे घेरों से बाहर निकालती और हमारे भीतर सोए पड़े उजाले का बोध कराती है। लेकिन कैसे और किसके बल पर, तो जवाब होगा लोक और लोकशक्ति के बल पर।

इस कविता को पढ़ते और सुनते हुए हम लोक की गरिमा और उसके पुरुषार्थपूर्ण वैभव का अनुभव प्रतिक्षण कर सकते हैं। कवि का यह लोक वह नहीं है जो तरह-तरह के सम्प्रदायों अथवा वादों के बीच बँटा हुआ है। यह तो वह अखंड और अविभाजित लोक है जिसकी जीवन-धुरी नैतिकता और सहज शील पर टिकी हुई है। इसलिए इसे फ़ौरी तौर पर इधर या उधर भागने और जाने की ज़रूरत ही नहीं पड़ी। जहाँ भी जाना ज़रूरी था यह बेखटके और बग़ैर किसी भय के गया और वैसी ही निर्भयता के साथ रहता रहा। निर्भयता का यह बोध उसकी कविता की बहुत बड़ी पूँजी और मूल्य है। इस निर्भयता ने ही उसे तमाम पश्चिमी हमलों के सामने एक सांस्कृतिक प्रतिरोध बनकर खड़ा होना सिखाया और इसी ने उसे भारत की तमाम श्रमशील जन-बिरादरी के प्रति निष्ठा से भरा।

कवि की ढेर सारी कविताओं को पढ़ते हुए ऐसा लगता है जैसे यह बदलावकारी शक्तियों का स्वयंसेवक हो। ऐसी भी कविताएँ कम नहीं हैं जो उसके इस बदलाव की दिशा की ख़बर देती हैं। तथापि यह ऊपरी या भौतिक तौर पर जितना सामाजिक-ऐतिहासिक है, भीतरी तौर पर उतना ही मानसिक और सांस्कृतिक भी है।

समकालीन हिन्दी कविता में परस्पर एक-दूसरे को शत्रु ख़ेमे में समझने वालों के बीच यह वह कवि है जिसे दोनों ही अपनाते और मंजूर करते चलते हैं, तथापि इस कवि की कविताएँ कैसे भी बुद्धिवाद, कलावाद और साहित्यिकवाद को नामंजूर करती हुई आती हैं। यह वह कवि है जो लोक के प्रति अपनी गहरी ज़िम्मेदारियों को लेकर बेहद सतर्क और सक्रिय है। कविता, कवि, पाठक और आलोचक के बीच वह कवि और पाठक का

हामीकार है। आलोचक की उसकी अपेक्षा तो है किन्तु ऐसा आलोचक जो रचना में व्याप्त कवि-दृष्टि को पकड़ सके और किसी भी सभ्यता के जो बुनियादी बीज-मूल्य होते हैं, उनकी पहचान कर सके।

हिन्दी भाषा और उसकी प्रकृति को अपनी कविता में सँजोता और नए ढंग से रचता यह कवि न केवल घर, ऑफ़िस या बाज़ार बल्कि समूची परम्परा में रची-पची और बसी अन्तर्ध्वनियों को जिस तरकीब से जुटाता और उन्हें नई अनुगूँजों से भरता है, वे अनुगूँजें सिर्फ़ कामकाजी आबादी की अनुगूंजें नहीं हैं, उस समूची आबादी की भी हैं जिसमें सूरज, चाँद, आकाश-हवा, नदी-पहाड़, पेड़-पौधे और तमाम चर-अचर जीव-जगत आता है। स्वभावत: इस सर्जना में मानव-आत्मा का सरस संगीत अपनी समूची आत्मीयता और अन्तरंगता में सघन हो उठा है। कविता में मनुष्य और लोक-प्रकृति और लोक-जीवन की यह संयुक्त भागीदारी एक ऐसी जुगलबन्दी का दृश्य रचती है जिसे केवल निराला किंचित् अज्ञेय और यत्किंचित् नागार्जुन जैसे कवि करते हैं।

अप्रासंगिक जानते हुए मैं फिर भी यह कहना चाहता हूँ कि कई मायनों में कवि भवानी प्रसाद मिश्र की जोड़ी सिर्फ़ और सिर्फ़ नागार्जुन से बैठ पाती है। अज्ञेय किंचित् अधिक अभिजात और कला-प्रवण तो रघुवीर सहाय प्राय: फ़ौरी बहुधा राजनीतिक और तात्कालिक से जान पड़ते हैं। सम्भव है कभी कोई धूमिल और रघुवीर सहाय को आस-पास बिठा अध्ययन करना चाहे।

कवि भवानी प्रसाद मिश्र ने इन कविताओं को रचते हुए जो काव्य-व्यक्तित्व अर्जित किया, उसका सार उस विद्रोह और सांस्कृतिक प्रतिरोध में लक्ष्य किया जा सकता है जो 'सन्नाटा' से लेकर, 'त्रिकाल सन्ध्या', 'इदं न मम्' और 'तूस की आग' तक फैला हुआ है। कवि ने ख़ुद भी इसे अपनी कई कविताओं में दर्ज किया है। विद्रोह सड़ी-गली व्यवस्था के और प्रतिरोध उस पराधीनता के विरुद्ध जिसे कुछ कथित आधुनिक भारतीय अपनी ग़ुलाम मानसिकता के चलते जीवनशैली के रूप में ढालने के यत्न में जुटे हुए हैं।

कवि के इस व्यक्तित्व में बकौल हरिशंकर परसाई जितनी आग है, उतना ही उजाला और वैसी ही तरल भावुकता भी-"जब वे 'दहन पर्व' पढ़ते हैं तो लगता है आग लगा रहे हैं। मगर साथ ही इतने भावुक हैं कि जेल की बरसात ('घर की याद' शीर्षक) पढ़ते-पढ़ते रो पड़ते हैं। आक्रामक व्यक्तित्व, तीखी आँखें जो सामने वालों को कँपकँपा देतीं-कभी बेहद कठोर कभी बेहद भावुक...जो एक साथ आकर्षण और डर पैदा करे, जिसकी तरफ़

आदमी खिंचता चला जाए पर आशंका भी बनी रहे कि यह आदमी न जाने कब झपट्टा लगा दे।''

कवि के वैचारिक व्यक्तित्व का आलेख प्रस्तुत करते हुए साथी कवि श्रीकान्त वर्मा लिखते हैं–इस सभ्यता से उन्हें कोई सरोकार नहीं था...'वे इसके विरोधी कवि थे।' स्वभावत: उनकी कविता में इन सारे काव्य-गुणों की उपस्थिति हो, श्रीकान्त यूँ ही नहीं कहते कि उनकी कविता इनसान को उसकी जड़ों की ओर ले जाती थी। वह प्रकृति को जितनी खुली-फैली और उन्मुक्त देख पाती है, मनुष्य सत्ता को भी उसी रूप में देखने की आग्रही है। कवि ने अपने इस कथन को बार-बार दुहराया कि कवि कभी किसी व्यवस्था का क्रीतदास नहीं हो सकता। वह जन्मना विद्रोही होता है और जब सारी आवाज़ें भय और स्वार्थवश चुप्पी साध लेती हैं वह निडर होकर बोलता और अँधेरों के ताले खोलता है। ऐसी कविता में अगर मंगल पांडे, बहादुरशाह ज़फ़र, अहमदुल्ला शाह, बिस्मिल, भगतसिंह और आज़ाद के साथ-साथ गांधी, लोहिया और जयप्रकाश एक साथ मौजूद हों तो आश्चर्य क्या?

कविता के अनेक रूपों, शैलियों और भंगिमाओं को समेटे यह कवि पारम्परिक रूपों के साथ-साथ नवीनतम रूपों का जैसा विधान रचता है, वह उसकी सामर्थ्य की ही गवाही देता है। मुक्त कविता, गीत-ग़ज़ल, जनगीत, खंड-काव्य, कथा-काव्य, प्रगीत कविता के साथ उसकी सीधी-सादी प्रत्यक्ष भावमयी शैली के साथ आक्रामक व्यंग्य और उपहासमयी, सांकेतिक और विडम्बनादर्शी भंगिमाएँ भी यहाँ मौजूद हैं। कई एक साथी कवियों में जैसी एकरसता देखी जाती है, भवानी प्रसाद मिश्र ने उसे अपनी भंगिम-विपुलता और शैली-वैविध्य से बार-बार तोड़ा है।

यह ख़ासतौर से लक्ष्य करने योग्य है कि परम्परा की ताक़त को नकारने के बजाय इस कवि ने उसका पुनरान्वेषण और नया प्रवर्तन सा करके यह दिखा दिया है कि संगीतात्मक तुकान्त छन्दों में भी बड़ी महान और कालजयी कविताएँ की जा सकती हैं। 'सन्नाटा', 'मंगल वर्षा', 'सतपुड़ा के जंगल', 'पहिली बरसात', 'घर की याद', 'गीतफ़रोश' कवि की ऐसी ही कविताएँ हैं जिनका काव्य-रूप पुराना किन्तु काव्य-तत्त्व बेहद नया है। अपने इसी गुण के चलते ये कविताएँ हिन्दी के समूचे पाठक और श्रोता समाज को एक साथ प्रिय हैं।

कविता की छन्दमुक्ति वाले रास्ते पर बख़ूबी चलते हुए इस कवि ने जो अभिनव तुक-व्यवस्था सिरजी है, वह बिरल है। साथी कवि सर्वेश्वर

इसे इंगित कर लिखते हैं–तुक को ना तो उन्होंने एकदम त्याग दिया है, न उसका रीतिबद्ध व्यवहार है। उसे न छोड़ा, न जकड़ा। सहज रूप से तुक आते हैं, कभी बीच वाक्य में खड़े हो जाते हैं और इशारा करते हैं, 'यहीं बस नहीं, आगे चलिए।' सर्वेश्वर के ही शब्दों में, 'उनकी कविता एकदम पुरानी इसलिए नहीं है कि किसी भी जकड़बन्दी को अस्वीकार करती है। एकदम नई इसलिए नहीं है कि पूरी मुक्तता को स्वीकार नहीं करती। न पूरे भावुक, न कोरे विवेकी।'

कवि की 'कहन–शैली' पर मुग्ध मुक्तिबोध उन्हें 'शैली–सिद्ध' घोषित करते हैं तो रघुवीर सहाय किंचित् अधिक स्पष्ट करते हुए लिखते हैं–'उनकी एक ही शैली है–सीधी और दो टूक।' किन्तु इसके आगे भी उनके कुछ वचन हैं–'जब सब महाकवि एक पिटा हुआ कवि–समय दोहराने के लिए परिश्रम से जोड़–जोड़कर शास्त्रीय पद्य रच रहे थे, और जो कह रहे थे वह विचित्र जान पड़ रहा था क्योंकि वह उनका सत्य नहीं था, तब एक वह परिश्रम अनुभव के स्तर पर कर चुका था, और हल्का होकर वह एक बिलकुल नई बात कह रहा था जिसे सब जानते हैं।'

सादगी और सार्वजनिकता का यह सरस समारोह हिन्दी कविता के तमाम पाठकों–श्रोताओं के लिए प्रस्तुत है।

–विजय बहादुर सिंह

अनुक्रम

एक कली

एक कली
गाँव-गली सड़क-सड़क
चली नदी के तीर तक

नीर तक पहुँच गई
अक्षत जैसी की तैसी
बच कर कितने पाँवों से

नीर तक पहुँच कर
लहरों पर चढ़ गयी
गढ़ गयी असंभव की संभावना।

(भवानी प्रसाद मिश्र की हस्तलिपि में उनकी कविता)

कवि

क़लम अपनी साध,
और मन की बात बिलकुल ठीक कह एकाध।

यह कि तेरी-भर न हो तो कह,
और बहते बने सादे ढंग से तो बह।
जिस तरह हम बोलते हैं, उस तरह तू लिख,
और इसके बाद भी हमसे बड़ा तू दिख।
चीज़ ऐसी दे कि जिसका स्वाद सिर चढ़ जाए
बीज ऐसा बो कि जिसकी बेल बन बढ़ जाए।
फल लगें ऐसे कि सुख-रस, सार और समर्थ
प्राण-संचारी कि शोभा-भर न जिनका अर्थ।

टेढ़ मत पैदा करे गति तीर की अपना,
पाप को कर लक्ष्य कर दे झूठ को सपना।
विन्ध्य, रेवा, फूल, फल, बरसात या गरमी,
प्यार प्रिय का, कष्ट-कारा, क्रोध या नरमी,
देश या कि विदेश, मेरा हो कि तेरा हो
हो विशद विस्तार, चाहे एक घेरा हो,
तू जिसे छू दे दिशा कल्याण हो उसकी,
तू जिसे गा दे सदा वरदान हो उसकी।

जनवरी, 1930

सन्नाटा

तो पहले अपना नाम बता दूँ तुमको,
फिर चुपके-चुपके धाम बता दूँ तुमको;
तुम चौंक नहीं पड़ना, यदि धीमे-धीमे
मैं अपना कोई काम बता दूँ तुमको।

कुछ लोग भ्रान्तिवश मुझे शान्ति कहते हैं,
निस्तब्ध बताते हैं, कुछ चुप रहते हैं;
मैं शान्त नहीं निस्तब्ध नहीं, फिर क्या हूँ,
मैं मौन नहीं हूँ, मुझमें स्वर बहते हैं।

कभी-कभी कुछ मुझमें चल जाता है,
कभी-कभी कुछ मुझमें जल जाता है;
जो चलता है, वह शायद है मेढक हो,
वह जुगनू है, जो तुमको छल जाता है।

मैं सन्नाटा हूँ, फिर भी बोल रहा हूँ,
मैं शान्त बहुत हूँ, फिर भी डोल रहा हूँ;
यह 'सर्-सर्' यह 'खड़-खड़' सब मेरी है,
है यह रहस्य मैं इसको खोल रहा हूँ।

मैं सूने में रहता हूँ, ऐसा सूना,
जहाँ घास उगा रहता है ऊना;
और झाड़ कुछ इमली के, पीपल के,
अन्धकार जिनसे होता है दूना।

तुम देख रहे हो मुझको, जहाँ खड़ा हूँ,
तुम देख रहे हो मुझको जहाँ पड़ा हूँ,
मैं ऐसे ही खँडहर चुनता फिरता हूँ,
मैं ऐसी ही जगहों में पला, बढ़ा हूँ।

हाँ, यहाँ क़िले की दीवारों के ऊपर,
नीचे तलघर में या समतल पर भू पर
कुछ जनश्रुतियों का पहरा यहाँ लगा है,
जो मुझे भयानक कर देती हैं छूकर।

तुम डरो नहीं, डर वैसे कहाँ नहीं है,
पर ख़ास बात डर की कुछ यहाँ नहीं है;
बस एक बात है, वह केवल ऐसी है,
कुछ लोग यहाँ थे, अब वे यहाँ नहीं हैं।

यहाँ बहुत दिन हुए एक थी रानी,
इतिहास बताता उसकी नहीं कहानी;
वह किसी एक पागल पर जान दिए थी,
थी उसकी केवल एक यही नादानी!

यह घाट नदी का, अब जो टूट गया है,
यह घाट नदी का, अब जो फूट गया है–

वह यहाँ बैठकर रोज़-रोज़ गाता था,
अब यहाँ बैठना उसका छूट गया है।

शाम हुए रानी खिड़की पर आती,
थी पागल के गीतों को वह दुहराती;
तब पागल आता और बजाता बंसी,
रानी उसकी बंसी पर छुपकर गाती।

किसी एक दिन राजा ने यह देखा,
खिंच गई हृदय पर उसके दुख की रेखा;
वह भरा क्रोध में आया और रानी से,
उसने माँगा इन सब साँझों का लेखा।

रानी बोली पागल को ज़रा बुला दो,
मैं पागल हूँ, राजा, तुम मुझे भुला दो;
मैं बहुत दिनों से जाग रही हूँ राजा,
बंसी बजवाकर मुझको ज़रा सुला दो।

वह राजा था हाँ, कोई खेल नहीं था,
ऐसे जवाब से उसका मेल नहीं था;
रानी ऐसे बोली थी, जैसे उसके
इस बड़े क़िले में कोई जेल नहीं था।

तुम जहाँ खड़े हो, यहीं कभी सूली थी,
रानी की कोमल देह यहीं झूली थी;
हाँ, पागल की भी यहीं, यहीं रानी की,
राजा हँसकर बोला, रानी भूली थी।

किन्तु नहीं फिर राजा ने सुख जाना,
हर जगह गूँजता था पागल का गाना;
बीच-बीच में राजा तुम भूले थे,
रानी का हँसकर सुन पड़ता था ताना।

तब और बरस बीते, राजा भी बीते,
रह गए क़िले के कमरे-कमरे रीते;
तब मैं आया, कुछ मेरे साथी आए,
अब हम सब मिलकर करते हैं मनचीते।

पर कभी-कभी जब पागल आ जाता है,
लाता है रानी को, या गा जाता है;
तब मेरे उल्लू, साँप और गिरगिट पर
अनजान एक सकता-सा छा जाता है।

सितम्बर, 1936

मंत्रियों का स्वागत

मुझसे यह कहा गया है मैं कुछ पत्र-पुष्प लेकर आऊँ
मुझसे यह कहा गया है मैं कुछ स्वागत साज सजा लाऊँ
मैं आज मंत्रियों की महानता का दिग्दर्शन करा चलूँ
मुझसे यह कहा गया है मैं कुछ गीत लिखूँ उनको गाऊँ

मैं नहीं जानता जनता के प्रतिनिधि से क्या कहकर बोलूँ
मैं नहीं जानता किस तखरी पर इस महानता को तोलूँ
यह दुनियादारों की बोली यदि जी की बात बता सकती
यह उथले शब्दों की टोली यदि गहरा दुख जता सकती
यदि दर्द समझ पाता कोई कहते ही दारुण घावों का
तो चित्र खींच सकता था मैं रो उठने वाले भावों का

सब सोच रहे होंगे स्वागत के समय बात रोने की क्यों
जब हमने इतना पाया है तब यह चर्चा खोने की क्यों
सब मुझे क्षमा कर देना मैं कवि हूँ द्रष्टा हू पागल हूँ
मैं पीड़ा लेकर आया हूँ मैं बहुत दिनों का घायल हूँ

जिनने वर्षों बलिदान किया जिनने सालों क़ुर्बानी दी
और आज़ादी की युगों-युगों कहने के योग्य कहानी दी
जिनने लाठी की मार सही, हाँ रहा मुबारक जेल जिन्हें
जो इतने निर्भय रहे कि जीवन-मृत्यु सदा है खेल जिन्हें
जिनने पीड़ा पहचानी है मेरे मज़दूर किसानों की
जो समझ रहे हैं क़ीमत क्या मानव के भूखे प्राणों की
वे स्वागत के भूखे कब हैं क्यों झड़ी लगाऊँ स्वागत की
जो मेरे जी के रक्त उन्हें क्यों पदवी दूँ अभ्यागत की।

उनके देखे से आज हृदय का रुका बाँध यदि टूट पड़ा
यदि चुप रह सकने का मेरा सहसा ही धीरज छूट पड़ा

तो वे मेरी परवशता को पहचान नहीं लेंगे क्योंकर
यह फूट पड़ा रुक नहीं सका यह जान नहीं लेंगे क्योंकर

मैंने साँसों की तरह सजग रहकर सचेत रहना सीखा
हाँ, बापू की अगवानी में सच को सच ही कहना सीखा
मेरी बोली का गर्व सदा ही से ग़रीब की वाणी है
मेरी स्याही का रूप सदा ही से आँखों का पानी है

मेरे किसान युग बीत गए गीतों की बात नहीं करते
ऐसा दिन कभी नहीं ऊगा जिसको वे रात नहीं करते
उनको यह लाल-हरी झंडी उनको यह तोरण और सभा
यह चहल-पहल यह दौड़-धूप उनको वस्त्रों की शुभ्र प्रभा
उनको जयघोष तुम्हारा यह उनको स्वतंत्रता के नारे
कुछ सुखी नहीं कर पाते हैं, वे निस्सहाय वे बेचारे

वे आज यहाँ यदि आए हैं तो अपनी आह कराहेंगे
वे आज आपसे है समर्थ क्या अपना अर्थ न चाहेंगे
वर्षा में जिनके छाँह नहीं जाड़े में जिनके आग नहीं,
दो वक़्त पेट भरकर खा लें ऐसे भी जिनके भाग नहीं
जो अपने बच्चों को दुख से भी पाल-पोसकर सो न सकें
जो इतने डूबे हैं दुख में जी कभी खोलकर रो न सकें

जिनको यदि मरने ही की फ़ुरसत मिल जाती तो जी जाते
जिनको यदि कहीं ज़हर मिलता तो उसको हँसकर पी जाते
वे आज चाहते हैं इतना मानवता उनको शाप न हो
वरदान मिले मत मिले उन्हें जीवित रहना तो पाप न हो

इस हड्डी के ढाँचे पर थोड़ा सा मांस बढ़ावें यदि
आप कहीं दम तोड़ रहे हो थोड़ी साँस बढ़ा दें यदि
तो आप धन्य हो उठें आपको मानवता का प्यार मिले
अधिकार स्वयं हो सो धन्य यदि ऐसों को अधिकार मिलें।[1]

सितम्बर, 1937

1. पहली बार कांग्रेस ने शासन की बागडोर सँभाली थी। मध्यप्रदेश के मंत्रिमंडल का बैतूल के पास खेड़ी-साँवलीगढ़ गाँव में स्वागत हुआ था।

गाँव

गाँव, इसमें झोंपड़ी है, घर नहीं है,
झोंपड़ी के फटकियाँ हैं, दर नहीं है;
धूल उड़ती है, धुएँ से दम घुटा है,
मानवों के हाथ से मानव लुटा है।
रो रहे हैं शिशु कि माँ चक्की लिये है,
पेट पापी के लिए पक्की किए है
फट रही छाती।

रात बीती है, अँधेरी छँट रही है,
और पीली पौ अकेली फट रही है;
एक चिड़िया घोंसले को छोड़ जागी,
और पूरब में लगी बेलाग आगी।

गाँव में पहली किरन के साथ जागे,
चैन जगने पर नहीं जिनको, अभागे;
जोतना है खेत, हल के साथ निकले,
बीज बोना है कि दल के साथ निकले।
सुबह की ठंडी हवा कपड़े नहीं हैं,
पाँव रखते हैं कहीं, पड़ते कहीं हैं;
पाँव जिनमें गति नहीं कम्पन बहुत है,
प्राण में जीवन नहीं तड़पन बहुत है।

धूल, गोबर और कचरे में भरी-सी,
देवियाँ निकलीं कहाँ जीवित मरी-सी।
गाँव में सूरज सबेरा कर रहा है?
गाँव में सूरज उजेला भर रहा है?
ढोर छूटे हैं कि जंगल को चले हैं,
साथ में दो-चार चरवाहे भले हैं;
भले हैं यानी तनिक गा-से रहे हैं,
और अपने दुख पर छा-से रहे हैं।
दो घड़ी सूरज उन्हें बहला सका है,
हम सुखी हैं जोश में कहला सका है।

तंग गलियों में कहीं बच्चे खड़े हैं,
लाल हैं पर भाग पत्थर से लड़े हैं;

धूल के हीरे नहीं अब धूल हैं ये,
फूल जंगल के नहीं अब शूल हैं ये।
रूप इनका आँख में गड़-सा रहा है;
और ढाँचा प्राण पर पड़-सा रहा है;
हाय रे, बचपन तलक सुख से न बीता,
वाय रे, दारिद्र्य तूने ख़ूब जीता।

धूप चढ़ती है कि पनघट जम गया है,
एक छोटा-सा कुआँ है कम गया है;
तरुणियाँ हैं घाट पर झीमी झुकी हैं,
और वधुएँ हैं, घूँघट में लुकी हैं।
हँस कभी पड़तीं कभी कुछ बोलती हैं,
यह हँसी दुख में सनी है, खोलती हैं।

दिसम्बर 1937

मंगल-वर्षा

पीके फूटे आज प्यार के, पानी बरसा री।
हरियाली छा गई, हमारे सावन सरसा री।
        बादल आए आसमान में, धरती फूली री,
        अरी सुहागिन, भरी माँग में भूली-भूली री,
        बिजली चमकी भाग सखी री, दादुर बोले री,
        अन्ध प्राण ही बही, उड़े पंछी अनमोले री,
छन-छन उठी हिलोर, मगन मन पागल दरसा री।
पीके फूटे आज प्यार के पानी बरसा री।
        फिसली-सी पगडंडी, खिसली आँख लजीली री,
        इन्द्र-धनुष रंग रँगी, आज मैं सहज रँगीली री,
        रुनझुन बिछिया आज, हिला-डुल मेरी बेनी री,
        ऊँचे-ऊँचे पेंग, हिंडोला सरग-नसेनी री,
और सखी सुन मोर! विजन वन दीखे घर-सा री।
पीके फूटे आज प्यार के, पानी बरसा री।
        फुर-फुर उड़ी फुहार अलक हल मोती छाए री,
        खड़ी रेत के बीच किसानिन कजरी गाए री,
        झर-झर झरना झरे, आज मन प्राण सिहाए री,
        कौन जन्म के पुण्य कि ऐसे शुभ दिन आए री,

रात सुहागिन गात मुदित मन साजन परसा री।
पीके फूटे आज प्यार के, पानी बरसा री।

12.7.1939, बैतूल

कमल के फूल

फूल लाया हूँ कमल के।
क्या करूँ इनका?
पसारें आप आँचल,
छोड़ दूँ;
हो जाय जी हल्का!

किन्तु होगा क्या कमल के फूल का?

कुछ नहीं होता
किसी की भूल का–
मेरी कि तेरी हो–
ये कमल के फूल केवल भूल हैं।
भूल से आँचल भरूँ ना
गोद में इनका सँभाले
मैं वज़न इनके मरूँ–ना।

ये कमल के फूल,
लेकिन मानसर के हैं,
इन्हें हूँ बीच से लाया,
न समझो तीर पर के हैं।

भूल भी यदि है
अछूती भूल है!
मानसर वाले
कमल के फूल हैं।

20.7.39, बैतूल

सतपुड़ा के जंगल

सतपुड़ा के घने जंगल
नींद में डूबे हुए–से,
ऊँघते अनमने जंगल।

झाड़ ऊँचे और नीचे
चुप खड़े हैं आँख भींचे;
घास चुप है, काश चुप है
मूक शाल, पलाश चुप है;
बन सके तो धँसो इनमें,
धँस न पाती हवा जिनमें,
सतपुड़ा के घने जंगल
नींद में डूबे हुए-से
ऊँघते, अनमने जंगल!

सड़े पत्ते, गले पत्ते,
हरे पत्ते, जले पत्ते,
वन्य को पथ ढँक रहे-से,
पंक दल में पले पत्ते,
चलो इन पर चल सको तो,
दलो इनको दल सको तो,
ये घिनौने-घने जंगल,
नींद में डूबे हुए-से
ऊँघते, अनमने जंगल!

अटपटी उलझी लताएँ,
डालियों को खींच खाएँ,
पैर को पकड़ें अचानक,
प्राण को कस लें कँपाएँ,
साँप-सी काली लताएँ,
बला की पाली लताएँ,
लताओं के बने जंगल,
नींद में डूबे हुए-से
ऊँघते अनमने जंगल।

मकड़ियों के जाल मुँह पर,
और सिर के बाल मुँह पर,
मच्छरों के दंश वाले,
दाग़ काले-लाल मुँह पर,
वात-झंझा वहन करते,
कष्ट से ये सने जंगल,

नींद में डूबे हुए-से
ऊँघते अनमने जंगल।

अजगरों से भरे जंगल
अगम, गति से परे जंगल,
सात-सात पहाड़ वाले,
बड़े-छोटे झाड़ वाले,
शेर वाले बाघ वाले,
गरज और दहाड़ वाले,
कम्प से कनकने जंगल,
नींद में डूबे हुए-से,
ऊँघते अनमने जंगल।

इन वनों के ख़ूब भीतर,
चार मुर्गे, चार तीतर,
पाल कर निश्चिन्त बैठे,
विजन वन के बीच बैठे,
झोंपड़ी पर फूस डाले
गोंड तगड़े और काले
जब कि होली पास आती,
सरसराती घास गाती,
और महुए से लपकती,
मत्त करती बास आती,
गूँज उठते ढोल इनके,
गीत इनके ढोल इनके!

सतपुड़ा के घने जंगल
नींद में डूबे हुए-से
ऊँघते अनमने जंगल
जागते अँगड़ाइयों में,
खोह खड्डों खाइयों में
घास पागल, कास पागल,
शाल और पलाश पागल,
लता पागल, वात पागल,
डाल पागल, पात पागल,
मत्त मुर्गे और तीतर,

इन वनों के ख़ूब भीतर!

क्षितिज तक फैला हुआ-सा,
मृत्यु तक मैला हुआ-सा,
क्षुब्ध काली लहर वाला,
मथित, उत्थित ज़हर वाला,
मेरु वाला, शेष वाला,
शम्भु और सुरेश वाला,
एक सागर जानते हो?
उसे कैसा मानते हो?
ठीक वैसे घने जंगल,
नींद में डूबे हुए-से
ऊँघते अनमने जंगल।

धँसो इनमें डर नहीं है,
मौत का यह घर नहीं है,
उतरकर बहते अनेकों,
कल-कथा कहते अनेकों,
नदी निर्झर और नाले,
इन वनों ने गोद पाले,
लाख पंछी सौ हिरन-दल,
चाँद के कितने किरन-दल,
झूमते बन-फूल, फलियाँ,
खिल रहीं अज्ञात कलियाँ,
हरित दूर्वा, रक्त किसलय,
पूत, पावन, पूर्ण रसमय,
सतपुड़ा के घने जंगल,
लताओं के बने जंगल।

2 अगस्त, 1939

नई इबारत

कुछ लिख के सो कुछ पढ़ के सो
तू जिस जगह जागा सबेरे
उस जगह से बढ़ के सो!

जैसा उठा वैसा गिरा जाकर बिछौने पर
तिफ़्ल जैसा प्यार यह जीवन खिलौने पर
बिना समझे बिना बूझे खेलते जाना
एक ज़िद को जकड़ लेकर ठेलते जाना
ग़लत है बेसूद है कुछ रच के सो कुछ गढ़ के सो
तू जिस जगह जागा सबेरे उस जगह से बढ़ के सो

दिन-भर इबारत पेड़-पत्ती और पानी की
बन्द घर की खुले-फैले खेत धानी की
हवा की बरसात की हर ख़ुश्क की तर की
गुज़रती दिन भर रही जो आपकी पर की
उस इबारत के सुनहरे वर्क से मन मढ़ के सो
तू जिस जगह जागा सबेरे उस जगह से बढ़ के सो

लिखा सूरज ने किरन की क़लम लेकर जो
नाम लेकर जिसे पंछी ने पुकारा सो
हवा जो कुछ गा गई बरसात जो बरसी
जो इबारत लहर बनकर नदी पर दरसी
उस इबारत की अगरचे सीढ़ियाँ हैं चढ़ के सो
तू जिस जगह जागा सवेरे उस जगह से बढ़ के सो!

30 अप्रैल, 1944

टूटने का सुख

टूटने का सुख
बहुत प्यारे बन्धनों को आज झटका लग रहा है

टूटना निश्चित हुआ है, बड़ा खटका लग रहा है
आज आशाएँ कभी की चूर होने जा रही हैं
और कलियाँ बिन खिले कुछ धूर होने जा रही हैं
आज इच्छा मन बिना आज हर बन्धन बिना
इस दिशा से उस दिशा तक छूटने का सुख

शरद का बादल कि जैसे उड़ चले रसहीन कोई
किसी को आशा नहीं जिससे कि सो यशहीन कोई

नील नभ में सिर्फ़ उड़कर बिखर जाना भाग जिसका
अस्त होने के क्षणों में है कि हाय सुहाग जिसका
बिना पानी बिना वाणी
है विरस जिसकी कहानी
सूर्य कर से किन्तु क़िस्मत कूटने का सुख

फूल श्लथ बन्धन हुआ पीला पड़ा, टपका कि टूटा
तीर चढ़कर चाप पर सीधा हुआ खिंचकर, कि छूटा
ये किसी निश्चित नियमक्रम की सरासर सीढ़ियाँ हैं
पाँव रखकर बढ़ रहीं जिस पर कि अपनी पीढ़ियाँ हैं
बिना सीढ़ी के चढ़ेंगे
तीर के जैसे बढ़ेंगे
इसलिए इन सीढ़ियों के फूटने का सुख!

14 जून, 1944

पहिला पानी

बरसात आ गई रे बरसात आ गई रे,
कल तक किरन का सोना था जान ही का गाहक,
उसका वह रूप उसकी रंगत सभी था नाहक,
उसकी तरफ़ जो ताकें, आँखों में दम नहीं थी,
हर इक किरन की गरमी सूरज से कम नहीं थी,
जलती थी धरती ऐसे, जैसे तवा हो कोई,
कमरा कहीं भी बैठो जैसे अवाँ हो कोई,
मिट्टी बदन कि जिसमें पड़कर ख़राब होले,
जल-भुन के जिसमें सारी दुनिया कबाब होले,
ऐसे बखत पे बदली उठ करके छा गई रे,
बरसात आ गई रे, बरसात आ गई रे।

बनकर तमाचा मुँह पर जो लू कि लग रही थी,
जो आप अपनी खू से डरती-सी भग रही थी,
छूकर जिसे हज़ारों झाड़ों के गान सूखे,
नालों के नद्दियों के झरनों के गान सूखे,
जिसकी लपेट में पड़ पंछी के पर नहीं थे,

वह घर में धँस न जाती ऐसे तो घर नहीं थे,
दो-चार घर हुए भी ऐसे तो हमको क्या है
उनका न कीजे चर्चा, उनको कि हमसे क्या है,
हम उस हवा के सदक़े जो लू को खा गई रे
बरसात आ गई रे, बरसात आ गई रे।

पहले झले को धरती हर बूँद पी गई रे
मरती थी बिना पानी, पी करके जी गई रे,
पहले झले का पानी, पीते ही जान आई,
कोनों में कछारों में सब्ज़े की शान छाई,
पहले झले का पानी जैसे अकास-बानी,
दुनिया में उसने भर दी लो हर तरफ़ जवानी,
बच्चे निकलकर दौड़े बूढ़ों ने झुक के झाँका,
मेरे किसान ने तब कजली को बढ़ के हाँका,
उस हाँक की सुरावट बादल को भा गई रे,
बरसात आ गई रे, बरसात आ गई रे।

गाँवों की बात बदली, जंगल की कुछ न पूछो,
हर-सू में नया मंगल, मंगल की कुछ न पूछो,
सौ-साठ रंग वाली नभ ने कमान पाई,
बादल गरज उठा तो सबने ज़बान पाई,
गाया हज़ार मन से, रस्ते पे चल-रहे ने,
आफ़त को भूल गाया आफ़त के पल-रहे ने,
डालों पे पड़े झूले छपरी में जमी आल्हा,
ढोलक को कई दिन में, थापों से पड़ा पाला,
हर एक अधमरे को बदली नचा गई रे,
बरसात आ गई रे, बरसात आ गई रे।

मेढक ने शोर बाँधा, चिड़ियों ने चहक खोली,
मुश्किल से लोग सुनते थे जिनकी कभी बोली,
वह मोर वह पपीहा थकते नहीं हैं जैसे,
सुध है कि सुध नहीं है, खोए हुए हैं ऐसे,
ठंडी हवा ने आकर जब से इन्हें छुआ है
भगवान जाने तब से झाड़ों को क्या हुआ है,

पत्ती हर एक भरकर मस्ती में हिल रही है,
डाली कि आम वाली पीपल से मिल रही है,
सूखी पड़ी थी नदिया, सो भदभदा गई रे,
बरसात आ गई रे, बरसात आ गई रे।

तू उठ के बैठ जा रे लिखने में क्या धरा है,
खिड़की से झाँक तो ले कैसा हरा-भरा है,
धरती पै सरग उतरा-सा जान पड़ रहा है,
धारा से सरग धरती पर आन पड़ रहा है,
मैदान, खेत, नद्दी, नाले में बह गया है,
तालाब में रुका है, आँगन में रह गया है,
तू इस सरग को छूकर मुरझा न, फूल जा रे,
इसको समेट लेकर हर मौत भूल जा रे,
धरती कि आज जीने का गीत गा गई रे,
बरसात आ गई रे, बरसात आ गई रे।

ऐसी घड़ी में उठकर, जीने का फल उठा ले,
अमरत की बीज गठरी, बढ़कर सकल उठा ले,
ओठों पै गीत जीने के धर के हल उठा ले,
बोने के धुन में सिर पर बादल के दल उठा ले,
बिजली चमक रही है, बादल गरज रहा है,
सामान वज्र सिर पर गिरने के सज रहा है,
चल पड़ कि खेत, तेरे तुझको बुला रहे हैं।
पागल हवा के झोंके डाली झुला रहे हैं,
बिजली महल पै गिर के जी में समा गई रे,
बरसात आ गई रे, बरसात आ गई रे।

20 जुलाई, 1944

घर की याद

आज पानी गिर रहा है,
बहुत पानी गिर रहा है
रात-भर गिरता रहा है,
प्राण-मन घिरता रहा है,

अब सबेरा हो गया है,
कब सबेरा हो गया है,
ठीक से मैंने न जाना,
बहुत सोकर सिर्फ़ माना–

क्योंकि बादल की अँधेरी,
है अभी तक भी घनेरी,
अभी तक चुपचाप हैं सब,
रात वाली छाप है सब,

गिर रहा पानी झरा–झर,
हिल रहे पत्ते हरा–हर,
बह रही है हवा सरसर,
काँपते हैं प्राण थर–थर

बहुत पानी गिर रहा है,
घर नज़र में तिर रहा है,
घर कि मुझसे दूर है जो,
घर ख़ुशी का पूर है जो,

घर कि घर में चार भाई,
मायके में बहिन आई,
बहिन आई बाप के घर
हाय रे परिताप के घर।

आज का दिन दिन नहीं है,
क्योंकि इसका छिन नहीं है,
एक छिन सौ बरस है रे,
हाय कैसा तरस है रे,

घर कि घर में सब जुड़े हैं
सब कि इतने कब जुड़े हैं,
चार भाई चार बहिनें,
भुजा भाई प्यार बहिनें,

और माँ बिन–पढ़ी मेरी,
दुख में वह गढ़ी मेरी,

माँ कि जिसकी गोद में सिर,
रख लिया तो दुख नहीं फिर,

माँ कि जिसकी स्नेह-धारा,
का यहाँ तक भी पसारा,
उसे लिखना नहीं आता,
जो कि उसका पत्र पाता।

और पानी गिर रहा है,
घर चतुर्दिक् घिर रहा है,
पिताजी भोले बहादुर,
वज्र-भुज नवनीत-सा उर,

पिताजी जिनको बुढ़ापा,
एक क्षण भी नहीं व्यापा,
जो अभी भी दौड़ जाएँ,
जो अभी भी खिलखिलाएँ,

मौत के आगे न हिचकें
शेर के आगे न बिचकें
बोल में बादल गरजता,
काम में झंझा लरजता,

आज गीता पाठ करके,
दंड दो सौ साठ करके,
ख़ूब मुगदर हिला लेकर,
मूठ उनकी मिला लेकर,

जबकि नीचे आए होंगे,
नैन जल से छाए होंगे,
हाय, पानी गिर रहा है,
घर नज़र में तिर रहा है,

चार भाई चार बहिनें,
भुजा भाई प्यार बहिनें,
खेलते या खड़े होंगे,
नज़र उनको पड़े होंगे।

पिताजी जिनको बुढ़ापा,
एक क्षण भी नहीं व्यापा,
रो पड़े होंगे बराबर,
पाँचवें का नाम लेकर,

पाँचवाँ मैं हूँ अभागा,
जिसे सोने पर सुहागा,
पिताजी कहते रहे हैं,
प्यार में बहते रहे हैं,

आज उनके स्वर्ण बेटे,
लगे होंगे उन्हें हेटे,
क्योंकि मैं उन पर सुहागा
बँधा बैठा हूँ अभागा,

और माँ ने कहा होगा,
दुख कितना बहा होगा,
आँख में किस लिए पानी
वहाँ अच्छा है भवानी,

वह तुम्हारा मन समझकर,
और अपनापन समझकर,
गया है सो ठीक ही है
यह तुम्हारी लीक ही है,

पाँव जो पीछे हटाता,
कोख को मेरी लजाता,
इस तरह होओ न कच्चे,
रो पड़ेंगे और बच्चे,

पिताजी ने कहा होगा,
हाय, कितना सहा होगा,
कहाँ, मैं रोता कहाँ हूँ,
धीर मैं खोता, कहाँ हूँ,

गिर रहा है आज पानी,
याद आता है भवानी,

उसे थी बरसात प्यारी,
रात-दिन की झड़ी झारी,

खुले सिर नंगे बदन वह,
घूमता-फिरता मगन वह,
बड़े बाड़े में कि जाता,
बीज लौकी का लगाता,

तुझे बतलाता कि बेला
ने फलानी फूल झेला
तू कि उसके साथ जाती,
आज इससे याद आती,

मैं न रोऊँगा-कहा होगा,
और फिर पानी बहा होगा,
दृश्य उसके बाद का रे,
पाँचवें की याद का रे,

भाई पागल, बहिन पागल,
और अम्मा ठीक बादल,
और भौजी और सरला,
सहज पानी, सहज तरला,

शर्म से रो भी न पाएँ,
ख़ूब भीतर छटपटाएँ,
आज ऐसा कुछ हुआ होगा
आज सबका मन चुआ होगा।

अभी पानी थम गया है,
मन निहायत नम गया है,
एक-से बादल जमे हैं
गगन-भर फैले रमे हैं,

ढेर है उनका, न फाँकें,
जो कि किरनें झुकें-झाँकें,
लग रहे हैं वे मुझे यों,
माँ कि आँगन लीप दे ज्यों;

गगन-आँगन की लुनाई,
दिशा के मन में समाई,
दश-दिशा चुपचाप है रे,
स्वस्थ की यह छाप है रे,

झाड़ आँखें बन्द करके,
साँस सुस्थिर मन्द करके,
हिले बिन चुपके खड़े हैं,
क्षितिज पर जैसे जड़े हैं,

एक पंछी बोलता है,
घाव उनके खोलता है,
आदमी के उर बिचारे,
किस लिए इतनी तृषा रे,

तू ज़रा-सा दुख कितना,
सह सकेगा क्या कि इतना,
और इस पर बस नहीं है,
बस बिना कुछ रस नहीं है,

हवा आई उड़ चला तू,
लहर आई मुड़ चला तू,
लगा झटका टूट बैठा,
गिरा नीचे फूट बैठा,

तू कि प्रिय से दूर होकर,
बह चला रे पूर होकर,
दुख भर क्या पास तेरे,
अश्रुसिंचित हास तेरे!

पिताजी का वेश मुझको,
दे रहा है क्लेश मुझको,
देह एक पहाड़ जैसे,
मन कि बड़ का झाड़ जैसे

एक पत्ता टूट जाए,
बस कि धारा फूट जाए,

एक हल्की चोट लग ले,
दूध की नद्‌दी उमग ले,

एक टहनी कम न होले,
कम कहाँ कि ख़म न होले
ध्यान कितना फ़िक्र कितनी,
डाल जितनी जड़ें उतनी!

इस तरह का हाल उनका,
इस तरह का ख़याल उनका,
हवा, उनको धीर देना,
यह नहीं जी चीर देना,

हे सजीले हरे सावन,
हे कि मेरे पुण्य पावन
तुम बरस लो वे न बरसें,
पाँचवें को वे न तरसें,

मैं मज़े में हूँ सही है,
घर नहीं हूँ बस यही है,
किन्तु यह बस बड़ा बस है,
इसी बस से सब विरस है,

किन्तु उनसे यह न कहना,
उन्हें देते धीर रहना,
उन्हें कहना लिख रहा हूँ,
उन्हें कहना पढ़ रहा हूँ,

काम करता हूँ कि कहना,
नाम करता हूँ कि कहना,
चाहते हैं लोग, कहना
मत करो कुछ शोक कहना,

और कहना मस्त हूँ मैं,
कातने में व्यस्त हूँ मैं,
वज़न सत्तर सेर मेरा,
और भोजन ढेर मेरा,

कूदता हूँ, खेलता हूँ
दुख डटकर ठेलता हूँ,
और कहना मस्त हूँ मैं,
यों न कहना अस्त हूँ मैं,

हाय रे, ऐसा न कहना,
है कि जो वैसा न कहना
कह न देना जागता हूँ,
आदमी से भागता हूँ,

कह न देना मौन हूँ मैं,
ख़ुद न समझूँ कौन हूँ मैं,
देखना कुछ बक न देना,
उन्हें कोई शक न देना,

हे सजीले हरे सावन,
हे कि मेरे पुण्य पावन,
तुम बरस लो वे न बरसें,
पाँचवें को वे न तरसें।

11 जुलाई, 1944 (सबेरे)

निर्दोष

वाणी की दीनता
अपनी मैं चीन्हता

कहने में अर्थ नहीं
कहना पर व्यर्थ नहीं
मिलती है कहने में एक तल्लीनता

आसपास भूलता हूँ
जग-भर में झूलता हूँ
सिन्धु के किनारे जैसे कंकर शिशु बीनता

कंकर निराले नीले
लाल सतरंगी पीले
शिशु की सजावट अपनी शिशु की प्रवीनता

भीतर की आहट-भर
सजती है सजावट पर
नित्य नया कंकर-क्रम क्रम की नवीनता

कंकर को चुनने में
वाणी को बुनने में
कोई उत्कर्ष नहीं कोई नहीं हीनता

केवल स्वभाव है-
चुनने का चाव है
जीने की क्षमता है मरने की क्षीणता।

31 अक्टूबर, 1944

त्यौहार, घट-पटकन

हाय रे संसार-सागर,
बन अगर पड़ता तो मैं
तुझको बनाता एक गागर!

झुलाकर हाथों में अपने
उठाकर कन्धों से ऊपर,
मैं तुझे दे मारता पल-भर
नचाकर सख़्त भू पर,
पान की-सी पीक बन बहती
तेरी मौजी अवस्था,
बिखर जाती ठीकरे की तरह
सब तेरी व्यवस्था
शोर इस दुनिया में मचता,
मैं खड़ा हँसता कि नचता?
एक क्षण में सत्य हो जाता
सही ढंग से उजागर!
हाय रे संसार-सागर,
बन अगर पड़ता तो मैं
तुझको बनाता एक गागर।

युग भले लग जाएँ तू
गागर बनाया जाएगा ही,
और यह त्यौहार घट–पटकन का मनाया जाएगा ही
चल रही हर घड़ी कोशिश,
तू कि घट बन भी रहा है,
और घट बनते हुए
कन्धे तलक तन भी रहा है,
मैं न तुझको हाथ से अपने
भले ही दचक पाऊँ,
किन्तु इसमें लगा हूँ बेशक
कि वह पल पास लाऊँ,
नाचता है वह महूरत,
शीश पर तेरे सरासर।
हाय रे संसार–सागर!

तू बताता है कि तेरी यह
व्यवस्था है सनातन,
चले आते हैं सदा से
राव रंक रिनी महाजन,
तू सुझाता है कि घर में देख लो,
छोटे बड़े हैं,
फूल दुनिया में नरम हैं
मगर पत्थर तो कड़े हैं,
कुछ महीसुर चाहिए ही
और कुछ चंडाल होंगे!
कुछ मरेंगे भूख से,
कुछ लोग मालामाल होंगे!
पाँच उँगली हाथ की देखो
कभी क्या थीं बराबर?
हाय रे संसार–सागर!

तू जँचाता पुण्य उनको,
जो कि तेरे पाप हैं रे,

वर उन्हें घोषित किए चलता
कि जो अभिशाप हैं रे,
ढाल कहता है उसे
तलवार बनकर धँस गई जो,
तू उसे भुज-पाश बतलाता
गले को कस गई जो,
जो रंगों में भिद गया है
ज़हर बनकर धरम है वह!
शरम है जिसको पसीने की
तुम्हारा करम है वह!
और तू लट्टू है अपनी,
इस तरह की कीमिया पर।
हाय रे संसार-सागर!

हाय, सोने की किरन से
सत्य को ढाँका है तूने,
स्वर्ण-लाठी हाथ में लेकर,
समय हाँका है तूने,
जा-ब-जा आँकी है तूने
स्वर्ण की लिपि से ग़ुलामी
स्वर्ण-महिमा-राक्षसी के,
रोज़ बढ़ते हुए हामी!
अभ्र-भेदी हो गया यह स्वर्ण
युग-युग के छलों से,
हिंस्त्र पशु स्फीत जैसे
रक्त पाकर निर्बलों से,
सिसकता पैरों पर इसके,
है पड़ा सारा चराचर!
हाय रे संसार-सागर!

चैत की प्रथमा में,
आते साल के पहले पहर में,
उतरता हूँ आज रे संसार,

मैं तेरे ज़हर में,
आज मैंने प्रलय-भेरी-स्वर
सुना, टूटेंगे बन्धन,
डूब जाएँगे प्रलय के
शोर में दुनिया के क्रन्दन,
आज लहरों में समाकर
आग पानी में लगाएँ,
जिस तरह से तू चला आया
अलग उससे चलाएँ,
छन्द की लेकर शपथ,
निर्माण के नव-गीत गाकर,
हाय रे संसार-सागर,
मैं बनाने जा रहा हूँ आज
तुझको एक गागर।

15 मार्च, 1945

पत्र साम्यवादी मित्र को

भाई मैं क्या कहूँ कैसे बिन कहे रहूँ भीतर का इतना सुख
प्राण बदल बैठे हैं लगता है पुराने प्राण भीतर नहीं मेरे अब
नए प्राण बाहर से कण-कण में व्याप्त थे जो
जन-जन को प्राप्त थे जो भीतर आ बैठे हैं

प्राण, हरी फ़सलों के रस से भरपूर प्राण, हृष्ट प्राण
प्राण, कालशक्ति सदृश निर्मम अ-क्रूर प्राण, पुष्ट प्राण
जग को बदल दें जो, चुटकी में मसल दें जो
ऐसे वज्र रूढ़ियाँ, जैसे वे थीं नहीं

ऐसा आज लगता है, मुझको ही लगता हो, ऐसा नहीं है और
प्राणों का यही दौर गलियों में कूचों में
हाटों में बजारों में कितने हज़ारों में
ढलता है धारा से
जैसे गिरि-कारा से निर्झर शत-स्रोत होकर
झर्, झर्, झर् झरता है, भरता है अनन्त गान

डालों में पातों में रातों में प्रभातों में
प्राण गली कूचों में वैसे कुछ ढलते हैं
आज प्राण शिखरों से झरते बन चलते हैं

प्राणमय हुआ है सब कुछ
प्राण ने छुआ है सबको
सबके इन प्राणों को एक दिशा चाहिए
अब के इन प्राणों की फिर न निशा चाहिए
फिर से न सोएँ ये फिर से न खोएँ ये
ख़ुद को उत्साह में स्वस्ति, धन्य, वाह में
रूढ़ि के पहाड़ फिर से रोकने न पाएँ झरने
मतों के मरुस्थल फिर से सोखने न पाएँ झरने
अब के इन प्राणों को प्राणों से लगाए रहकर
मंज़िल तय करनी है

मंज़िल की बड़ी से बड़ी बाधा हुई है दूर
आज हम स्वतंत्र हैं रुकने को बढ़ने को
गिरने को चढ़ने को
रुकें जहाँ रुकना हो
झुकें जहाँ झुकना हो लेकिन चुकें नहीं
भीतर ही भीतर अथवा भट्ठी से फुँकें नहीं

हमको ज़रूरत है बेशक आज एके की
किन्तु किसी एक मत किन्तु किसी एक वाद
किन्तु किसी एक ढंग किसी एक ठेके की
देहरी पर न बैठें हम
चलते चलें हम आगे मत वाद ढंग पीछे छूटें
बन्धन ये भले हैं नए लेकिन ये जाएँ टूटें
केवल दिशा साधे रहें
अपने ध्रुव तारे को ठीक आराधे रहें

पिछले हर अनुभव का लाभ लिये पल्ले में
अपनी पतवार हम आप ही बनेंगे आज
अपना इतिहास है अपनी एक संस्कृति है

अपनी प्रकृति और अपनी विकृति है
अपने विकारों का विनाश जिस ढंग से
अपने प्रकारों का प्रकाश जिस रंग से
वही ठीक अपना है
थिर तो कुछ है नहीं थिरता तो सपना है
बढ़ना सही बात है;
आगे बढ़ें आज तक से, ज़्यादा गिरें गाज तक से!

अचल जड़ विकारों को विकल-बल विचारों को
आओ हम नष्ट करें
आओ ज़रूरत है हमें आज एके की
कम्युनिस्ट सोशलिस्ट हिन्दू सिख मुसलमान
सबकी ज़रूरत है माता को अपनी
सारे ये भेद झूठे या कि कहीं सच भी हैं
तो भी जो काम पड़ा
उसमें इन भेदों की कोई ज़रूरत नहीं
हिंसा या अहिंसा को भी खींचना ग़लत है
मोटे सवाल हैं रोटी के कपड़े के
याने बढ़ाना है हमें उपज इनकी

सेठ एक झंझट है
लेकिन सड़ी झंझट है झटके में टूटेगी
अलबत्ता यह झटका हम देने के लायक़ बनें
गांधी बने कम्युनिस्ट कम्युनिस्ट गांधी बने
हिन्दू बने मुसलमान मुस्लिम बने हिन्दू
स्त्री में पौरुष और पुरुषों में संयम
इससे भी आगे बढ़ें-
आज का पढ़ा या लिखा
पढ़ता या लिखता-भर है
काम का बहाना किए
सड़कों पर दिखता-भर है
आलम में डूबा हुआ
साहब या सूबा हुआ

केवल दम्भ करता है
मेहनत से डरता है!
लेख और कविता उसको बेशक सधे हैं लेकिन
तर्क और छन्द उसमें ढंग से बँधे हैं लेकिन
झूठे लेख उसके फैशन-भर कविता है
पढ़ते हैं सुनते हैं लोग चाव से उछाह से भी
किन्तु हाय करते क्या हैं
कब तक चलेगा यही
रोना किसान के मज़दूर के दुखड़े को
शीशे में हज़ार बार देखना मुखड़े को
काम से पसीने से कोई पहचान नहीं
कोरी कविता का और तिस पर अवसान नहीं
उतरेगी कैसे उन शब्दों में व्याकुलता
जिनका दुख गाना है उनका दुख जानो तो

इसके सिवाय यह पढ़ना और लिखना
केवल एक मोर्चा है
जिसका अन्य मोर्चों से सीधा सम्बन्ध है
ऐसा नहीं जीवन कहीं और कहीं छन्द है।

17 अगस्त, 1947

दर्द जब घिरे

दर्द जब घिरे बहाना करो
न, ना ना, ना ना, ना ना करो
दर्द जो दिल से बाहिर हो
तो दुनिया भर पर ज़ाहिर हो
दर्द ज़ाहिर, करना बेकार
हमारा यह नुस्ख़ा है यार
दर्द को दरी बनाओ, हाँ
नहीं उसका सिरहाना करो।
दर्द जब घिरे बहाना करो
न, ना ना, ना ना, ना ना करो

दरी पर तोषक अच्छी एक
और उस पर बढ़िया चादर
कोई आ जाए ऐसे में
तो उसको बैठाओ सादर
जिसे सादर बैठाया है,
दर्द उससे ही पाया है
मगर यह ख़बर न दो, उसको
दर्द जाना-अनजाना करो।

हँसो बोलो मस्ती के संग
दर्द को लगे कि यह क्या ढंग
दर्द भीतर हैरान रहे
ओठ पर अपने गान रहे
मज़ा आ जाए अतिथि को ठीक
कि उसका ठौर-ठिकाना करो
दर्द का क्या है वह अपना
और सुख नन्हा-सा सपना
अभी आया है जाएगा
न जाने फिर कब आएगा
हँसाओ उसे, कुदाओ उसे
लाड़ उसका मनमाना करो
दर्द जब घिरे बहाना करो
न ना ना, ना ना, ना ना करो।

11 अगस्त, 1950

थूहर

कितने दिन शायद वर्ष हुए तुम यहाँ
किसी एक क्षण उगे और बढ़े,
तुम सुन्दर तो थे नहीं किसी भी क्षण,
फिर तुमको तिल-तिल प्रकृति न अगर गढ़े
तो कुछ आश्चर्य नहीं था इसमें कहीं
तुम आड़े-टेढ़े रहे बिगड़ते यहीं।

वर्षा आई अपने सावन-भादों
उसने तुम पर भी बरसाए राजा,
पर तुम डंडे के डंडे बने रहे
तुममें न नए पत्ते आए राजा
तुम खड़े भीगते रहे गधे की तरह
या कहो किसी चालाक, सधे की तरह!

फिर शरद काल की छनी चाँदनी में
मैंने निरखा तुम अच्छे नहीं लगे
और शिशिर प्रात के ओस कणों में तुम्हें
हौले-हल्के दुलराया, नहीं जगे।

मैं रहा खीझता पौधा गड़बड़ है
एड़ी से लेकर चोटी तक जड़ है
गरमी आई, गरमी का क्या कहना
सारा प्रदेश भुँजकर पापड़ हो गया
हर एक हरेपन का हामी हल्का
जलकर सफ़ेद-काली राखड़ हो गया
पर तुम जैसे के तैसे खड़े रहे
तुम सदा एक रस रूखे अड़े रहे
मैं ऊब गया तुमसे भाई थूहर
मैं समझ गया तुम अपने ढंग की चीज़,
मैं समझ गया तुम नहीं बदल सकते
तुम क्रान्तिहीनता के जड़ता के बीज,
तुम अपने में लीन और बंजर
तुम आस-पास से अलग अस्थि-पंजर
तुम संवेदन से हीन प्राण से परे
तुम आग-हवा-पानी से लापरवाह
तुम पर किरनें चन्दा की सूरज की
पड़ती रहती हैं बिलकुल ख़ामख़्वाह
मौसम का तुम पर पड़ता नहीं असर
ख़ालिस रद्दी हो इसमें नहीं क़सर।

16 जून, 1952

गीत-फ़रोश

जी हाँ हुज़ूर, मैं गीत बेचता हूँ,
मैं तरह-तरह के गीत बेचता हूँ,
मैं किसिम-किसिम के गीत बेचता हूँ!

जी, माल देखिए, दाम बताऊँगा,
बेकाम नहीं हैं, काम बताऊँगा,
कुछ गीत लिखे हैं मस्ती में मैंने,
कुछ गीत लिखे हैं पस्ती में मैंने,
यह गीत सख़्त सर-दर्द भुलाएगा,
यह गीत पिया को पास बुलाएगा!

जी, पहले कुछ दिन शर्म लगी मुझको;
पर बाद-बाद में अक़्ल जगी मुझको,
जी, लोगों ने तो बेच दिए ईमान,
जी, आप न हों सुनकर ज़्यादा हैरान-
मैं सोच-समझकर आख़िर
अपने गीत बेचता हूँ,
जी हाँ हुज़ूर, मैं गीत बेचता हूँ,
मैं किसिम-किसिम के गीत बेचता हूँ!

यह गीत सुबह का है, गाकर देखें,
यह गीत ग़ज़ब का है, ढाकर देखें,
यह गीत ज़रा सूने में लिक्खा था,
यह गीत वहाँ पूने में लिक्खा था,
यह गीत पहाड़ी पर चढ़ जाता है,
यह गीत बढ़ाए से बढ़ जाता है!

यह गीत भूख और प्यास भगाता है,
जी, यह मसान में भूख जगाता है,
यह गीत भुवाली की है हवा हुज़ूर,
यह गीत तपेदिक की है दवा हुज़ूर,
जी, और गीत भी हैं दिखलाता हूँ,
जी, सुनना चाहें आप तो गाता हूँ।

जी, छन्द और बेछन्द पसन्द करें,
जी अमर गीत और वे जो तुरत मरें!
ना, बुरा मानने की इसमें क्या बात,
मैं ले आता हूँ क़लम और दावात,
इनमें से भाए नहीं, नए लिख दूँ,
जी, नए चाहिए नहीं, गए लिख दूँ!
मैं नए, पुराने सभी तरह के
गीत बेचता हूँ,
जी हाँ, हुज़ूर मैं गीत बेचता हूँ,
मैं तरह-तरह के गीत बेचता हूँ
मैं किसिम-किसिम के गीत बेचता हूँ!

जी, गीत जनम का लिखूँ मरण का लिखूँ,
जी, गीत जीत का लिखूँ, शरण का लिखूँ,
यह गीत रेशमी है, यह खादी का,
यह गीत पित्त का है, यह बादी का!
कुछ और डिज़ाइन भी हैं, यह इल्मी,
यह लीजे चलती चीज़, नई फ़िल्मी,
यह सोच-सोच कर मर जाने का गीत,
यह दुकान से घर जाने का गीत!
जी नहीं, दिल्लगी की इसमें क्या बात,
मैं लिखता ही तो रहता हूँ दिन-रात,
तो तरह-तरह के बन जाते हैं गीत,
जी, रूठ-रूठ कर मन जाते हैं गीत!
जी, बहुत ढेर लग गया, हटाता हूँ,
गाहक की मर्ज़ी, अच्छा जाता हूँ;
या भीतर जाकर पूछ आइए आप,
है गीत बेचना वैसे बिलकुल पाप,
क्या करूँ मगर लाचार
हारकर गीत बेचता हूँ!
जी हाँ, हुज़ूर मैं गीत बेचता हूँ!
मैं किसिम-किसिम के गीत बेचता हूँ!

1947

तुम्हें काम है

तुम्हें काम है
किन्तु एक क्षण
पास बैठ जाने की इच्छा मन में है।
बहुत पास हूँ
किन्तु एक क्षण
और पास आने की इच्छा मन में है।

बहुत दिनों से
पास बैठकर चुपके एकटक देखा नहीं तुम्हारा मुखड़ा
बहुत दिनों से
पास बैठकर तुमसे मैंने कहा नहीं है जी का दुखड़ा
बहुत दिनों के बाद
आज फिर
वैसा सुख पाने की इच्छा मन में है।

आज परम आषाढ़ बरसता है,
आच्छादित दसों दिशाएँ,
जाने कब से घिरी नहीं थीं
ऐसी निविड़, अँधेरी
रिमझिम-भरी निशाएँ
आज मेघ की तरह
दुख का राग
तनिक गाने की इच्छा मन में है।

7 जुलाई, 1954

अरे बिछोही मन

अरे बिछोही मन
ऐसा दुखी न बन!
घन वर्षा का, तेरे ही आँगन में बरसे
वह फैले खेत, पहाड़
सरोवर मत परसे,

यह तो ईर्ष्या की अगन!
ऐसा दुखी न बन!

तेरी प्रिया बड़ी मतवाली,
आँखें काली, अलकें काली,
उसकी प्याली नशा जगत का
उसके चपल चरन।
ऐसा दुखी न बन!

यदि तेरा आँगन सूखा है, लोट धूल में
क्योंकि भूल तो पगले, तुझसे हुई भूल में,
तेरा एक निवास
और उसका त्रि-भुवन!
ऐसा दुखी न बन!

9 जुलाई, 1954

जब पहले दिन

जब पहले दिन तुमने मेरा हाथ स्नेह से लिया
मन विभोर हो गया, बिचारा मन!
उसने जाना नहीं कि वर्षा की बूँदों से
अधिक छुपाए है बिजली यह घन!
जिसने स्वाति बूँद की आशा से
तुमको निस-दिन ताका हो,
जिसने सिवा तुम्हारी छवि के
कोई नहीं रूप आँका हो,
वह घातों के रोज़ नए आघात मूक बन
कब कि करे सहन।
मुझे एक दिन पास बैठकर
शिकवा करने की सुविधा
और समय चाहिए,
और बहुत झुँझलाकर भी तुम
पूरी बात सुनोगे मेरी

इतना मुझको अभय चाहिए।
उसके बाद वज्र की जितनी कड़ियाँ
तेरी घनमाला में
बरसा लेना सजन!
जब पहले दिन तुमने मेरा हाथ स्नेह से लिया
मन विभोर हो गया, बिचारा मन!

14 जुलाई, 1954

छाया ने छाया से पूछा

छाया ने छाया से पूछा
क्या दूँ बोलो
जीवन, पीड़ा, प्यार-भरे क्षण के बदले में?

छाया ने आश्चर्य-चकित स्वर में दुहराया
जीवन! पीड़ा!! प्यार!!!

शब्द कुछ सुने हुए से तो लगते हैं
किन्तु अर्थ मैं समझ न पाई
ऐसे बोलो शब्द
कि मैं भी समझूँ भाई!

6 अक्टूबर, 1955

वे कहते हैं

वे कहते हैं आओ
इस दल में खड़े होकर गाओ
देखो यह भी तो यहाँ गा रहे हैं
गा-गाकर आसमान सिर पर उठा रहे हैं
फिर तुम्हीं क्यों नहीं आते
दलदल में खड़े होकर क्यों हमारे साथ-साथ नहीं गाते
अच्छा हम समझ गए, तुम्हें जनता से प्रेम नहीं है
जनता के दुख-दर्द गाना तुम्हारा नेम नहीं है

इसलिए तुम यहाँ हो
तुम ठीक से नहीं जानते तुम कहाँ हो

और फिर वे मुट्ठियाँ बाँधते हैं
और मैं सोचता हूँ क्या दलदल जनता है
क्या कवि के दलदल में फँसने से जनता का कुछ बनता है
जनता दलदल में कहाँ है
वह तो जहाँ चाहिए वहाँ है
याने खेत में खलिहान में
पहाड़ पर बियाबान में
वह दलदल में खड़े होने क्यों जाएगी
और अगर वह वहाँ जाएगी तो उसे भरेगी
वह वहाँ खड़े-खड़े किसलिए मरेगी

वह निकम्मी नहीं है न निकम्मे गीतकारों में शामिल है
वह कमेली है और कामिल है
उसे सिर्फ़ गालियाँ बकते रहने का अवकाश नहीं है
वह कोई सड़ी लाश नहीं है किसी गए-बीते सिद्धान्त की
कि पड़ी-पड़ी सिर्फ़ बदबू फेंके
और न वह ऐसे निर्लज्ज है
किसी की चिता पर अपनी रोटी सेंके।

19 जुलाई, 1960

सुबह हो गई है

सुबह हो गई है
मैं कह रहा हूँ सुबह हो गई है
मगर क्या हो गया है तुम्हें कि तुम सुनते नहीं हो
अपनी दरिद्र लालटेनें बार-बार उसकाते हुए
मुसकाते चल रहे हो
मानो क्षितिज पर सूरज नहीं तुम जल रहे हो
और प्रकाश लोगों को तुमसे मिल रहा है
यह जो तालाब का कमल है
वह तुम्हारे हाथ की क्षुद्र लालटेन से खिल रहा है

बदतमीज़ी बन्द करो
लालटेनें मन्द करो
बल्कि बुझा दो इन्हें एकबारगी
शाम तक लालटेनों में मत फँसाए रखो अपने हाथ
बल्कि उनसे कुछ गढ़ो हमारे साथ-साथ
हम जिन्हें सुबह होने की सुबह होने से पहले
ख़बर लग जाती है
हम जिनकी आत्मा नसीमे-सहर की आहट से
रात के तीसरे पहर जग जाती है
हम कहते हैं सुबह हो गई है!

15 अगस्त, 1960

निरापद कोई नहीं है

निरापद कोई नहीं है
न तुम न मैं न वे
न वे न मैं न तुम
सबके पीछे बँधी है दुम आसक्ति की।

आसक्ति के आनन्द का छन्द ही ऐसा है
इसकी दुम पर
पैसा है।

ना, निरापद कोई नहीं है
ठीक आदमक़द कोई नहीं है
न मैं न तुम न वे
न तुम न मैं न वे।
कोई है कोई है कोई है
जिसकी ज़िन्दगी
दूध की धोई है?
ना, दूध किसी का धोबी नहीं है
हो तो भी नहीं है।

25 सितम्बर, 1961

अनुत्तरदायी

इस उथल-पुथल का वे मुझसे मतलब पूछते थे
पूछते थे सच का मुँह क्यों काला है
पूछते थे झूठ का क्यों बोलबाला है
पूछते थे विनोबा कांग्रेस से लड़कर जेल क्यों नहीं जाते
पूछते थे जवाहरलाल साथियों की बेईमानी पर
ज़हर क्यों नहीं खाते

और पूछते थे, तुम्हें क्या हो गया है
तुम्हारी वाणी का रस कहाँ खो गया है

जवाब मेरे पास सब बातों का है
मगर मैं उत्तर क्यों दूँ
मैं उत्तरदायी जो नहीं हूँ!

31 दिसम्बर 1961

कठपुतली

कठपुतली
ग़ुस्से से उबली
बोली—ये धागे
क्यों हैं मेरे पीछे-आगे?
इन्हें तोड़ दो;
मुझे मेरे पाँवों पर छोड़ दो।
सुनकर बोलीं और-और
कठपुतलियाँ
कि हाँ,
बहुत दिन हुए
हमें अपने मन के छन्द छुए।
मगर...?
पहली कठपुतली सोचने लगी,
यह कैसी इच्छा
मेरे मन में जगी?

4 फरवरी, 1962

अप्रस्तुत

आँखें उठाओ
देखो आकाश नीला है,
हल्के लाल बादल हैं
चाँद गहरा पीला है
अच्छी शाम है,
हवा रुकी है
पंछी गा रहे हैं,
मगर
इस सबका क्या होगा,
मुझे चेटियार साहब बुला रहे हैं!

5 फरवरी, 1962

ओ शून्य प्राण

ओ शून्य प्राण,
ओ धक्-धक् करते हुए हृदय
क्या देख लिया तूने भविष्य को
साफ़-साफ़
ओ समय-वृक्ष की डाली की
ऊँची टहनी
दिख गया तुझे औचक
अपने नीचे जिराफ़।

1.8.1963

तुम

घटनाओं में कोई तुक नहीं है
और कल्पनाओं में भी कहाँ है तुक
ऐसा लगता है
जैसे काल और अवकाश
दिशा और आकाश कुछ कहीं है नहीं

कहाँ पाँव रखकर खड़ा हो जाऊँ
कहाँ अटका दूँ मन
न शब्द पर टिक पाता हूँ
न आँख लगा पाता हूँ क्षितिज पर।

इस एकाकार शून्यता में
तुम-भर दिखती हो
गिरस्ती समेटे बचाए कुंकुम
जलते हुए भाल पर।
सँभाले है मुझे यह जलता हुआ भाल
न दिशा, न आकाश
न अवकाश, न काल।

21 अगस्त, 1965

दुख ने कहा

सुबह जो किरण निकली थी
वह सादी थी
शायद कमज़ोर भी थी

मगर मैंने अपने दुख से कहा
भई तुम किरण से तो
आँखें नहीं चुना सकते

शाम को जो पंछी लौटा
वह थका हुआ था
और गीत उसके कंठ में नहीं था

मगर मैंने अपनी निराशा से कहा
हमें अपने डैने
इस तरह नहीं सिकोड़ने हैं

रात घनी हो गई
तूफ़ान बहने लगा
प्राण दुख के दामन को
गहने लगा

मैं सोच में पड़ गया
किससे क्या कहूँ
कि ख़ुद मेरे दुख ने सिर उठाया
और झकझोरा मुझे
कहने लगा

किरण की आशा
नीड़ का ख़याल
हर चीज़ को कठिन बना देते हैं
इसलिए तुम सिर्फ़ मुझे
पकड़े रहो
मैं जो सिर्फ़ शून्य हूँ अँधेरा हूँ

मैं जो न आकाश हूँ न नीड़
न आशा न निराशा
मैं जो घना हूँ

मैं जो शुद्ध अँधेरे का बना हूँ
मुझे पकड़े रहो!

1967

रथ-प्रतीक

सूखी डाली जैसे किसी हरे पेड़ की
पेड़ से कटकर ही हो सकती है काम की

मेरे उदास ख़याल लगभग उसी तरह
तापे जा सकते हैं दूर कहीं
हँसी-ख़ुशी की महफ़िल से

मैं नहीं चाहता
सुख से भरे मन उन्हें बाँचें
आराम से बैठे
आलोचक उसे जाँचें

थोड़े-बहुत जतन से
देकर आड़ हाथ की शरीर की
सुलगाया जा सकता है उन्हें
और फूँक-फाँककर पैदा की
जा सकती है उनमें आँच

और लगे रहकर थोड़ी देर
जगाई जा सकती है उनमें
सपनों की एक झाँक
और आरपार देखा जा सकता है
अपारदर्शी
इस उदासी के
ख़ूबसूरती के पुजारी
फूलों से बिंधे मन
फ़िलहाल जो मुझे मथ रहे हैं
उन्हें भी मथेंगे आगे-पीछे
क्योंकि महापथ पर क्षण दो क्षण
ये प्रतीक सब के रथ रहे हैं।

20 जनवरी, 1968

मौत की आँखें

दम कहीं नहीं है
कहकर
उसने मेरी तरफ़ देखा

दम उसकी आँखों में भी नहीं था
मैं चुपचाप
उसकी आँखों को देखता रहा
उसने कहा
दम कहीं नहीं है

मैं दम की

साहस की हिम्मत की
खोज में घूमी हूँ

जहाँ-जहाँ शक हुआ
कि दम है
रुकी हूँ वहाँ-वहाँ

अपने को इस सन्देह पर
लुटाया है
कहाँ-कहाँ

मगर दम कहीं नहीं है
सब दम का नाटक
करते हैं

क्योंकि नाटक दम का
उपयोगी है
वह ख़ुद नहीं

और फिर वह हलके-से हँसी
बेदम उसकी आँखों में
एक चमक आई

और मैं सोचने लगा
इसने
मुझे भी थाह लिया है!

दिसम्बर, 1967

मौत के नाख़ून

मैल से भरे हुए
काले नाख़ून चुभो दिए हैं
तुमने मेरे गले में

और मैं
उस चुभन का दर्द
उतना महसूस नहीं करता

जितना
सोचता हूँ
नाख़ूनों के कालेपन को

बचपन से है मुझे
नखों को काटकर
साफ़ रखने का ख़ब्त

इसीलिए ज़ब्त नहीं होता
कालापन
तुम्हारे नाख़ूनों का

होने को इस समय
हैं वे तुम्हारी
अँगुलियों के सिरे पर

मगर थे
थोड़ी देर पहले
मेरे गले के भीतर

धँसते हुए तुम्हारे
काले नाख़ूनों को
मैंने चाहा था

लाल सुर्ख़
कर दे
मेरा ख़ून ही

मगर लाल नहीं हुए
तुम्हारे नाख़ून
ख़ूनाख़ून करके भी

मेरा गला
और मैं चुभन के दर्द को
उतना महसूस

नहीं कर रहा हूँ
जितना सोच रहा हूँ
तुम्हारे नाख़ूनों को

उनके कालेपन को
मौत साफ़-सुथरी चाहिए
वैसी नहीं

जैसी आती दिखती है

28 दिसम्बर, 67

मरण का वरण

मैं नहीं करूँगा तुम्हारा
आलिंगन
जिस तरह सब करते हैं

किसी सजे-सजाए कमरे में
घिरकर किसी सुगन्ध
या कोमलता से

न लता के मंडप में
न किसी आम्र-कुंज में
ज्योति-पुंजों में

अब मुझे न चन्दा से आशा है
न अनगिनत तारों से
ऊब गया हूँ मैं अब

इन सारों से
और इसलिए
बिलकुल वीरान और बंजर

कोई जगह चाहिए
और ऋतु ऐसी सख़्त सर्दी की
कि सिर्फ़ मैं ही नहीं

तुम भी उदास हो जाओ
और काँपो
थर-थर

जहाँ ठिठुरें और डरें हम दोनों
जहाँ मैं भाँपूँ तुम्हारी मरज़ी
तुम मेरी हालत भाँपो

22 जनवरी, 1968

शरीर और फ़सलें, कविता और फूल

कमर जैसे कलाई टूट जाए
हिम्मत जैसे घड़ी फूट जाए

तबीयत
कुछ नए ढंग से ख़राब हुई है
सोचने की इच्छा लगभग शराब हुई है

ज़रा अकेलापन
कि ख़याल में ग़र्क़
उम्र के वर्क़

उसी में धुँधले हैं
उजले हैं उसी में
सामने आते हुए दो हाथ

साथ-साथ सूखते दिख रहे हैं
एक वृक्ष एक नदी
नाव पर

लदी हुई बारात की
गीत नहीं सूझ रहा है
शाम का सारा समाँ

मल्लाह से जूझ रहा है
असभ्य सन्देहों को सहलाऊँ

धुँधले-धुँधले दिनों को
धूप में घसीटूँ नहलाऊँ
बहलाऊँ
बरसों का उदास मन

रास्ते के हिसाब से
क़दम धरूँ
शरीर और फ़सलें

कविता और फूल
सब एक हैं
सबको बोना बखरना गोड़ना
पड़ता है

सत्य हो शिव हो सुन्दर हो
आख़िरकार इन सबको
किसी न किसी पल
तोड़ना पड़ता है
जैसे काँटा

अचानक पाँव में गड़ता है
ऐसे हर कारण
समय में जाकर पड़ता है

किसी क्षण
कौन-सा कारण
उच्चाटन

वशीकरण मारण
या मरण का पनपा
सो मैं नहीं जानता

मगर कारणहीन
नहीं मानता मैं
किसी पल के पाँव को

वह लँगड़ा के चले
चाहे हिम्मत से जमा कर एड़ी
ज़िन्दाबाद कारण के काँटे

संयोग की बेड़ी
ऊँचे से गिरती है जब धारा
तो धुआँ हो जाता है उसका पानी

बानी को तुमने
पत्थर पर कसा
तो धुआँ भी समझते उसका

असम्भव को तश्तरी में पेश
तुम करो
सम्भव से ज़्यादा को

कलरव नहीं कहते
उसका अलग नाम है
शब्द अपनी गवाही देंगे

मगर उसके आगे
जो उनके पीछे तक देखता है
एक मौसम आ रहा है

दूसरा जा रहा है
मेरे मन में इन दिनों
कोई नहीं गा रहा है

क्योंकि मन
एक मैली कमीज़ है इन दिनों
सोच रहा हूँ

धुलने दे दूँ कहीं
या ख़ुद धो डालूँ
मगर कमीज़ एक ही है

और मौसम
खुले बदन दस मिनिट भी
बैठने का

नहीं है
याने यह मौसम
मेरी क़लम से

एक भी गीत ऐंठने का नहीं है
जो दृश्य
सारे दृश्यों में अच्छा है

इन दिनों उसकी तरफ़
मेरी पीठ है

याने अदीठ एक घाव है
अच्छे से अच्छा दृश्य
मेरे लिए फ़िलहाल

सवाल नहीं उठता
उसे मेरे देख सकने का
वर्णन उसका

पर्यायवाची हो सकता है
कोरे बकने का
इसलिए

जो कह सकता हूँ इन दिनों
उसमें न गाने का कुछ है
न मुसकाने का

खाली शामों में
उसे पढ़ा-भर जा सकता है
उलझन-भरी दृष्टि

उसके बाद गड़ाई जा सकती है
अँधेरापन समेटते हुए
आसमान पर

क्योंकि
विस्मृति की इच्छा-भर
बहती है

इन कविताओं के तल में
रोज़मर्रा का दुखी चेहरा
प्रतिबिम्बित है इस जल में

गोताज़न हैं इसमें छोटे सुख
दीर्घ दुख
चित लेटे हैं इसकी लहरों पर

पहरों बिना थके
पड़े रह सकते हैं
आप चाहें तो कह सकते हैं इसे

उनकी ज़्यादती
पानी के साथ
या कह सकते हैं

मेरी अनौपचारिकता
बानी के साथ
फूल को

बिखरा देने वाली हवा भी
कौन कहता है
कि चलनी नहीं चाहिए

समूचा जंगल
जला देने वाली आग भी
कौन कहता है
कि जलनी नहीं चाहिए
अरसे से
ऐसी एक हवा

मुझ पर चल रही है
जल रही है मुझमें

अरसे से एक ऐसी आग
और मैं उसकी सुन्दरता को
समझने की कोशिश कर रहा हूँ
कभी अलकें दिखती हैं

इस सुन्दरता की मुझे
तो कभी पलकें
सालिम और लचीली

बँधती नहीं हैं वह
मेरी बाँहों में
मगर झलकें ज़्यादा-ज़्यादा

मिलती हैं इसकी अब
पहले से
मैं खुला बैठा हूँ

हवा में और आग में
सपना नहीं था (सोचा नहीं था)
कि ऐसी ज़बर्दस्त निष्क्रियता भी

लिखी है भाग में
किसका ख़याल करूँ
सौभाग्य के इस पल में

बह रही है
विस्मृति की इच्छा-भर
भीतर जब
मन के तल में

1968

पानी चेहरे का

हवा चेहरे पर से
ऐसी बही
जैसे बही हो पानी पर से

तरंगित-सा हुआ चेहरा
और जैसे
नीचे डूबकर चेहरे से

तरंगों ने और-और
गहराइयाँ छुईं
इच्छाएँ हुईं

बीमार इच्छाओं को
हाथ दिया मैंने
पूछा बाहर चलोगी घूमने

और तभी किसी ने
खोले और-और दरवाज़े
और-और खिड़कियाँ

और हवा चेहरे पर से
ऐसी बही
जैसे बही हो पानी पर से!

1968

त्रिविध से अधिक विविध

बाँस के बन में से
गुज़रती हुई हवा
जैसा बोलती है

या बिलकुल सवेरे-सवेरे
बादल के दलों में किरण
जैसा रंग घोलती है

या जैसे आधी रात के
सूने में गहरी होती है
सुगन्ध

या जैसे अलस काले नाग में

बँध के रह जाता है
छन्द

वैसे बोलते हुए
रंग घोलते हुए
भरते हुए सुगन्ध शायद प्राणों में

बाँधते हुए छन्दों के बन्ध
शायद मृत्यु के बाणों में
आए हैं ये दिन

मैं
इन्हें
कहाँ सहेजूँ

1968

आसमान ख़ुद

आसमान ख़ुद हवा बनकर नहीं बहता जैसे
हवा उसमें बहती है
ऐसे जीवन भी ख़ुद नहीं बन जाता मौत
मौत उसमें रहती है कहीं पहले से
और सिर उठाती है फिर वक़्त पाकर
आसमान में चुप पड़ी हुई हवा की तरह
आसमान ख़ुद हवा बनकर नहीं बहता

3 फरवरी, 1968

आराम से भाई ज़िन्दगी

आराम से भाई ज़िन्दगी
ज़रा आराम से
तेज़ी तुम्हारे प्यार की बर्दाश्त नहीं होती अब
इतना कसकर किया गया आलिंगन

ज़रा ज़्यादा है जर्जर इस शरीर को
आराम से भाई ज़िन्दगी
ज़रा आराम से

तुम्हारे साथ-साथ दौड़ता नहीं फिर सकता अब मैं
ऊँची-नीची घाटियों-पहाड़ियों तो क्या
महल-अटारियों पर भी
न रात-भर नौका-विहार न खुलकर बात-भर हँसना
बतिया सकता हूँ हौले-हलके बिलकुल ही पास बैठकर

और तुम चाहो तो बहला सकती हो मुझे
जब तक अँधेरा है तब तक सब्ज़बाग़ दिखलाऊँ
जो हो जाएँगे राख
छूकर सवेरे की किरन
सुबह हुए जाना है मुझे
आराम से भाई ज़िन्दगी
ज़रा आराम से!

9 फरवरी, 1968

मैं गँवार हूँ

मैं गँवार हूँ और गधा हूँ
क्योंकि वचनों से अपने बँधा हूँ
तुम होशियार हो और हंस हो
क्योंकि अपनी प्रतिज्ञाओं के ध्वंस हो
हमने जो कह दिया सो करते रहे
अपने कहे पर मरते रहे
तुमने जो कहा सो कभी नहीं किया
जीवन इस तरह सुख से जिया
और फिर भी मैं ख़ुश हूँ इस पर
कि मैं गँवार हूँ और गधा हूँ
क्योंकि वचनों से अपने बँधा हूँ

8 मार्च, 1968

शहसवार

क्या कर सकता है
घोड़े की पीठ पर बैठा हुआ आदमी
सिवा धूल उड़ाने के

मैं भी उम्र-भर एक तरह से
घोड़े की पीठ पर ही बैठा रहा
बनाई नहीं मैंने पगडंडियाँ
समझकर अपने आसपास का भूगोल
और फल यह हुआ है कि धूल भर दी है मैंने
अपने चारों तरफ़ दूर-दूर तक

दूसरों की पीठ पर कहो दूसरों के कन्धों पर कहो
देर तक रहो तो उनके कन्धे और उनकी पीठ के सिवा
टूट-से जाते हैं अपने पाँव भी
हम भूल जाते हैं जैसे अपना गाँव भी
दूसरों के बल पर घूमते-घूमते
और फिर कुछ नहीं बनता हमसे
सिवाय धूल बोने और धूल उगाने के

17 जून, 1968

बच्चों की तरह

बच्चे की तरह हँसे
और जब रोए तो बच्चे की तरह
ख़ालिस सुख ख़ालिस दुख

न उसमें ख़याल कुछ पाने का
न मलाल इसमें कुछ खोने का
सुनहली हँसी और आँसू रुपहले
दोनों ऐसे कि मन बहला
उससे भी इससे भी

कोरे क़िस्से भी अंश हो गए अपने

हर छाया के पीछे दौड़ाया सपनों ने
और दब गई पाँवों के नीचे दौड़ते-दौड़ते
कोई छाया

तो हँसे खिलखिलाकर बच्चों की तरह
और छूट गया
हाथ छाया का आकर हाथ में

तो रोए तिलमिलाकर बच्चों की तरह
ख़ालिस सुख
ख़ालिस दुख!

9 जून, 1968

एक माँ

एक माँ
चल रही है सड़क पर
अपने बच्चे को

छाती से चिपटाए हुए
और आश्वस्त है वह
कि प्रलय काल तक

ले जाएगी उसे निकालकर
चारों तरफ़ से
उमड़कर आ रही आफ़तों से

सड़क के किनारे की
एक बेंच पर
बैठा है एक आदमी

और पढ़ रहा है वह
अख़बार
ऐसे निश्चिंत-भाव से

जैसे कभी नहीं

छुएँगी उसे
अख़बार में छपी घटनाएँ

दो लड़के
एक-दूसरे के गले में
हाथ डालकर

ऐसे हँस रहे हैं जैसे
कोई फ़र्क़ नहीं पड़ा है देश में
चार-चार पाँच-पाँच

झूठे चुनावों के बावजूद
सिर्फ़ मैं ही
सोच में पड़ा हूँ

और मुझे ही
काली एक छाया
सरकती और बढ़ती

दिख रही है
क्यों नहीं हो पाता मैं
इस माँ की तरह

अख़बार पढ़ने वाले
इस आदमी की तरह
इन लड़कों की तरह।

24 फरवरी, 1969

असाधारण

कैसी असाधारण चुप्पी है
वातावरण में

हवा तक पड़ी है
इस समय
अश्वत्थ के चरण में!

27 अक्टूबर, 1969

मज़ा तब है

मज़ा तब है
जब हम जलें
और दुनिया
आग पकड़ ले

आज तो
जो होता है
सो ऐसा है
कि हम
धुआँ देते हैं
और लोग

निकल जाते हैं
मिचमिचाते हुए
आँखें।

4 मई, 1971

टहलते-टहलते

सुबह टहलते-टहलते
हरी-भरी दूब पर पाँव पड़े
तो लगा जैसे पड़ गया हो पाँव
किसी सोते हुए आदमी के शरीर पर

हटकर धीरे-से आ गया
पक्की कोलतार की सड़क पर
नया ही नया हुआ आज ऐसा
कई बार हरी दूब पर चला हूँ
लेकिन गला हूँ आज जैसा शर्म से
ऐसा तो क्या मिलता-जुलता तक इससे
पहले कभी नहीं हुआ
कि छुआ हो किसी हरे-हरे बोध ने
और अँकुरी हो मन-भर में सिहरन

लगता है हरी घास पर
चलना बैठना लेटना सब छूट जाएगा

आएगा इस बिछुड़न के रास्ते
कोई बड़ा सुखं-संस्पर्श
अभी तो ऐसा ही लग रहा है

लिखते हुए यह सब
लेखनी तक पर रोमांच जग रहा है
चाहता हूँ यह बोध
चेतना बन जाए और
आए कोई बड़ा सुख-संस्पर्श इस रास्ते!

1971

सारा शहर

सारा शहर सोया है
सपने में खोया है
सपना अपनी ही मौत का
देखता है
चारों तरफ़ चिताएँ जल रही हैं
साँय-सन्न हवाएँ चल रही हैं
होते जा रहे हैं राख की ढेरी
बूढ़े और जवान

बच्चे अपनी क़ब्रें खोद रहे हैं
और बैठ रहे हैं जा-जाकर
अपनी खोदी हुई क़ब्रों में

अपनी ही खोदी हुई मिट्टी
अपने ऊपर समेट रहे हैं
और फिर उनमें लेट रहे हैं

मुँह-भर उनके खुले हैं
साँय-सन्न हवा के हाथ
उन्हें भी ढाँकने पर तुले हैं

सारा शहर
अपनी मौत का सपना देख रहा है
एक-एक को लग रहा है सच
सपना अपना-अपना!

1971

सुख

लँगड़ाते चले आ रहे सुख,
दौड़ते चले आ रहे दुख
मैं अब नहीं रुकूँगा तुम्हारे लिए
मैंने पंख तौल लिये हैं
और पल दो पल में हवा में
उठ जाऊँगा
देखूँगा तुम्हें ऊपर से
दौड़ते-लँगड़ाते तुम्हारी ख़ैर मनाऊँगा!

चाहूँगा मुझे न पाने पर
तुम यह न चाहो कि
मिश्र जी और कुछ
दिन क्यों न जिए!

तुम जब कभी आते थे
हम मिल-जुलकर गाते थे
मगर अब बन नहीं सकता था
वह मेरे किए!
मैं बिना कोई चिह्न
छोड़े विलीन हो जाऊँगा,
मुझे नहीं लगता मैं फिर कभी
तुम्हारे लिए आऊँगा
तुम्हारे लिए अब तक
जो प्याले पिए, सो पिए!

19 अगस्त, 1971

मेरा और तुम्हारा

मेरा और तुम्हारा
सारा फ़र्क़
इतने में है
कि तुम लिखते हो
मैं बोलता हूँ
और कितना फ़र्क़ हो जाता इससे
तुम ढाँकते हो मैं खोलता हूँ

1972

तुम अचानक मिले

तुम अचानक मिले
मन के कुन्द कमरे में
हवा ताज़ी
कहीं से आ
गई
प्राण
कोने-अँतरों तक

थक गया था
ताज़गी के लिए
लो मेरा सलाम
फिर कभी गुज़रो यहाँ से
झाँक लेना!

1973

रात को किसी ने

रात को किसी ने
चिल्लाकर कहा
नहीं, आगे मत बढ़ो
जहाँ खड़े हो वहीं से
पहाड़ पर चढ़ो

मगर पहाड़
न मेरे आगे था न पीछे
मैंने डरते-डरते कहा
पहाड़ यहाँ कहीं नहीं है

चिल्लाने वाले ने कहा
सब कहीं है पहाड़
चढ़ने वाला चाहिए
शक है मुझे
तुम्हारे वैसा कुछ होने का

पहाड़ चढ़ो
आगे मत बढ़ो

1973

दरिद्र दृश्यों के बीच

यह बादल कहाँ-कहाँ से होकर
आया है
सिर्फ़ आधा घंटा पहले
यहाँ नहीं था यह
साफ़ था आसमान

इसे जो लाई है हवा
सो पछुआँ है
मान लूँ गति इस तेज़ पछुआँ की
चार-सौ मील फ़ी घंटा
तो आधा घंटा पहले

दो सौ मील दूर था दिल्ली से
यह काला बादल-दल
पछुआँ की पीठ पर
पार करके आया है
यह कितने छोटे-बड़े गाँव

शहर, मैदान, खेत

नदी नाले
नीले हरियाले और पीत
शीत में ठिठुरते
विस्तार

मन कहीं नहीं अटका इसका
और यहाँ आ गया
जहाँ मन अटकाने लायक़ कुछ नहीं है
मिली-जुली ऐश्वर्य
और दारिद्र्य की झाँकियों के सिवा
यहाँ इसे देखकर कोई ख़ुश
तक नहीं हुआ है
जो घरों में है
उन्होंने खिड़कियाँ बन्द कर ली हैं
कि भीतर न जाए इसकी ठंडी ताज़ी हवा

जो बाज़ार में ख़रीदे के लिए आए हैं
वे निबटा रहे हैं जैसे-तैसे ख़रीदी
और भाग रहे हैं सस्ते-महँगे वाहनों में
घर की ओर
सौदा-बिगाड़ू इस शोभा को कोसते

फुटपाथों पर चीज़ों का ढेर लगाए हुए
फुटकर विक्रेता
जल्दी-जल्दी समेट रहे हैं अपना माल
और पीठ पर ऊनी कपड़े लादे
उन्हें बेचनेवाला तिब्बती दल

ख़ासतौर पर विवश दिख रहा है
भीख माँगता हुआ लड़का
भागते हुए लोगों से
क्या खाकर भीख माँगे वह
और ऐसे में

अख़बार भी कौन ख़रीदे शाम का

सारे काम का फट्टा ही उलट दिया
भाई घने
भाई शोभा के बने आकर तुमने
पछुआँ की पीठ पर दिल्ली में!

1973

चार कौए उर्फ़ चार हौए

बहुत नहीं थे सिर्फ़ चार कौए थे काले
उन्होंने यह तय किया कि सारे उड़ने वाले
उनके ढंग से उड़ें, रुकें, खाएँ और गाएँ
वे जिसको त्योहार कहें सब उसे मनाएँ।

कभी-कभी जादू हो जाता है दुनिया में
दुनिया-भर के गुण दिखते हैं औगुनिया में
ये औगुनिए चार बड़े सरताज हो गए
इनके नौकर चील, गरुड़ और बाज़ हो गए।

हंस मोर चातक गौरैए किस गिनती में
हाथ बाँधकर खड़े हो गए सब विनती में
हुक्म हुआ, चातक पंछी रट नहीं लगाएँ
पिऊ-पिऊ को छोड़ें कौए-कौए गाएँ
बीस तरह के काम दे दिए गौरैयों को
खाना-पीना मौज उड़ाना छुटभैयों को

कौओं की ऐसी बन आई पाँचों घी में
बड़े-बड़े मनसूबे आए उनके जी में
उड़ने तक के नियम बदलकर ऐसे ढाले
उड़ने वाले सिर्फ़ रह गए बैठे ठाले।

आगे क्या कुछ हुआ सुनाना बहुत कठिन है
यह दिन कवि का नहीं चार कौओं का दिन है
उत्सुकता जग जाए तो मेरे घर आ जाना
लम्बा क़िस्सा थोड़े में किस तरह सुनाना!

1975

नायाब तरकीबें

"मन उदास लगता है, चेहरा लटका है"
"हाँ, जे.पी. कब क्या करें एक यह खटका है"
"जे.पी. के करे-धरे क्या होना-जाना है"
"भई, दुनिया ने तो उसको सब कुछ माना है-"
कुछ कहते हैं वह ले आएगा इन्क़लाब।
"ना फ़िक्र नहीं है इसकी, यह है एक ख़्वाब-"
और इन्क़लाब हम भी तो रोज़ ला रहे हैं
हम संसद, सभा, मंच पर क्रान्ति गा रहे हैं-
जनता को जब इतने दिन तक भरमाया है
तो और बरस-दस-बीस उसे भरमा लेंगे-
जेबें गरमाते आए हैं, गरमा लेंगे।
ना, जनता में कुछ अकल आ गई है शायद
जे.पी. की उसको बात भा गई है शायद
और अब तो वह "उपवास करूँगा" कहता है
यानी "गांधी की तरह मरूँगा" कहता है
गांधी का हश्र न जे.पी. पर नाज़िल होगा
ऐसा कहना बेफ़िक्री से, फ़ाज़िल होगा।
सौ ढंग निपटने के होते हैं मसलों से
हम जो चाहेंगे काटेंगे इन फ़सलों से
बोने को बोई होगी क्रान्ति जवानों ने
पर हम साइंस भिड़ाएँगे कोई ऐसा
रह जाएगी आज़ादी बरसेगा पैसा।

31 अगस्त, 1974

घोड़े सूरज के रथ के

घोड़े सूरज के रथ के
चलते हैं जिस पथ से होकर
वह शायद सम है
कठिनाई कम है वहाँ
मेरी धरती के पथों से

वे वहाँ चलें तो गति इतनी सम
शायद ही रहने पाए।

समय ऐसी बँधी लय में
शायद ही
बहने पाए।
वक़्त से दिन
वक़्त से रातें
बातें ये
आसमान के बल पर हैं।

धरती पर चलते वे
हमारी तरह
तो जानते
ऊँचा-नीचापन।
सागर पहाड़ वन नदियाँ
एक-एक खाई पार करने में
लग जाती सदियाँ।

अच्छा है हमारी तरह धरती पर
नहीं हैं वे
और हम नहीं हैं
उनकी तरह
आसमान में।
आज़माने कहाँ जाते
नहीं तो हम
अपने पाँव की ताक़त
सम के रास्ते पर।

1975

लौह द्वार की तरफ़

इतने उदास लोग
एक क़तार में

मैं उन्हें एकटक देखता रहा
मगर तभी
उनमें से किसी एक ने कहा
ठीक है अब चलें
इस चुप्पी के बजाय
एक कोलाहल में पलें
और पालें-पोसें
उन आवाज़ों को
जिनकी हमसे
आशा की गई थी
जिनके लिए हमें
भाषा दी गई थी

और वे सब
एक साथ
सहज भाव से खड़े हो गए
और बढ़े
उस लौह द्वार की तरफ़
जहाँ लिखा था–
प्रवेश निषिद्ध है।

सम्भावित रचनाकाल 1974-75

विद्रोही

उसने बालों को
झटका देकर
पीठ पर फेंका
और सिर
आसमान की तरफ़
उठाया

क्या देखा उसने
सो नहीं मानता
मैंने इतना देखा

और याद नहीं भूलती
इतना देखने की।

1974 की डायरी में 1975 के आसपास

तिथियाँ जमाने में

आकाश-कुसुम हाथ में था
छाया की तरह सूरज साथ में था
आँगन से कमरा घर का, गन्तव्य था
और राह नहीं मिल रही थी
गुमशुदा राह में चाँदनी खिल रही थी

रितु ग्रीष्म वर्षा शीत कुछ भी नहीं थी
ग़लत था हिमालय चोटी उसकी सही थी
खिसक रही थीं तिथियाँ चोटी से बिना क्रम के
जमा रहा था मैं उन्हें बिना श्रम के
अपने हिसाब से
तिथियों की एक किताब से

तिथियाँ जमाने में आकाश-कुसुम गिर गया
हाथ का सूरज बादल की तरह घिर गया
एक हुए आँगन और कमरा और राह सब
देश काल साथ और अलग-अलग
वेदियाँ वध की बनाने लगे
धर्म की किताब के हिसाब से
मंत्र पढ़े जाने लगे
रक्त-स्नात पुण्य पर्व देवता मनाने लगे।

22 मई, 1975

उवाच तस्कर नरेश

हुई कौन-सी चूक
कि हमसे ऐसा किया सुलूक
बताओ रानी जी!

मिल-जुलकर चलता था धन्धा
सारा जगत बना था अन्धा
देश-विदेश पड़ा था फन्दा

पक्का और अचूक
हुई कौन-सी चूक
कि हमसे ऐसा किया सुलूक
बताओ रानी जी!

जब विदेश से हम आते थे
आख़िर धन ही तो लाते थे
खाते थे तो बाँट-बूँटकर

बात करो दो-टूक
हुई कौन-सी चूक
कि हमसे ऐसा किया सुलूक
बताओ रानी जी!

मेल-जोल की शर्त बताओ
हम भी खाएँ तुम भी खाओ
आओ बैठें सुलझे गुत्थी
छाँछ पिएँ क्यों फूँक!

1975/खं.-4

आज का दिन

आज का दिन
जाने क्यों अपनी झोंपड़ी में जाकर
सोना नहीं चाहता
रात सहमी हुई-सी खड़ी है
देहरी पर
कि वह जी करे तो भरे
उसे अपने अंक में
मगर आज का दिन

जाने क्यों
सोना नहीं चाहता
और रात
प्रतीक्षा में खड़ी है।

जून, '75

समय ने अपने को

समय ने अपने को
समेट लिया है
और तैयार है वह
किसी नए चमत्कार की तरफ़
चल देने के लिए
मगर तब तक भी
कौन जिए
ऐसा मैं सोचने लगा हूँ
समय को निकल जाने का
मौक़ा मैं क्यों दूँ
क्यों न निकल जाऊँ
ख़ुद किसी
चमत्कार की दिशा में।

जून, 1975

इमर्जेंसी के बावजूद

सुबह की ठंडी हवा को
तोड़ रही हैं
फूट रही किरनें सूरज की
और गीत नन्हे-नन्हे पंछियों के

मज़दूरों की
काम पर निकली टोलियों को

किरनों से भी ज़्यादा सहारा
इन पंछियों और
ख़ुद अपने गीतों का है
शायद

नहीं तो कैसे निकलते वे
प्रकृति और विकृति की
इतनी ठंडी हवा में!

3 जुलाई, 1975

नदी जीतेगी

काँपते पाँवों से
नदी ने
अपने किनारे पर
चढ़ना चाहा
किनारे ने नदी की
शक्ति को थाहा
और ज़रा पीछे हट गया

नदी देखती रहेगी शायद
काँपते पाँवों
धुँधली आँखों
हटते हुए किनारे को

देखती ही रहे शायद
वर्षा के आने तक
अब उसकी छाती में
तूफ़ान के गाने तक
एक चुप्पी पलेगी

और आ जाने पर
वर्षा और तूफ़ान के
किनारे की नहीं

नदी की चलेगी
जिसने
किनारे को बनाया था!

9 जुलाई, 1975

प्रजातंत्रीय

पहले उन्होंने
प्रजा को रास्तों पर बिछाया
उन पर आना-जाना किया
और अब उसे इकट्ठा करके
पीट रहे हैं
क़ालीनों की तरह

पाँवड़े की तरह बरत कर
प्रजा को तब भी
उन्होंने अपने को
प्रजातंत्रीय माना था
और धूल झाड़ते हुए उसकी
क़ालीनों की तरह
अब भी मान रहे हैं अपने को
प्रजातंत्रीय!

22 जुलाई, 1975

भाई बुद्धिवादी!

बुद्धि से कहाँ मिलती है प्रेरणा
वह तो प्राणों से मिलती है
खेतों को पानी से मिलती है
जितनी हरियाली
उन्हें उनसे ज़्यादा हरियाली
दानों से मिलती है
यानी जड़ में हरियाली के

पानी से ज़्यादा बीज है
होने को बुद्धि भी एक चीज़ है
मगर तब जब वह
प्राणों को प्रेरणा के ख़याल से सींचे
और संकुचित न कर दे प्राणों को
बहुत गहरे में दबे दानों की तरह

बुद्धि से कहाँ मिलती है प्रेरणा
भाई बुद्धिवादी, वह तो
प्राणों से मिलती है।

28 जून, 1975

उसकी गर्दन

इतिहास समय में उभरता है
उभरकर घाव करता है
और घाव भरता है

घाव करते रहने भरते रहने का क्रम
इतिहास का स्वभाव है
समूचा काल धीरे-धीरे
इतिहास न हो जाए
इसलिए आओ हम
इस क्रम के आड़े आएँ
घाव करने के लिए तैयार...
क्षणों में

हाथ इस तरह उठाकर गाएँ
कि इतिहास की धार तक जाए
घाव करने वाली तलवार
गिर जाए उसके हाथ से
शर्म से उसकी गर्दन
झुक जाए।

27 अगस्त, 1975

अनोखी चारण

अच्छा किया
जगा दिया तुमने मुझे
कानों के पास चहककर

इतना ठीक
कब से नहीं जागा था

रात-भर जगाया है
वातावरण को
हरसिंगार ने महककर

तुम हरसिंगार की डाली पर
सुगन्ध के कारण चहकी
या किरन के कारण
ओ सविता से सज्जित
मेरी अनोखी चारण

इतना ठीक कब से नहीं जागा था मैं

तुमने कानों के पास
जैसे हल्की चुटकी बजाई
किरन भी मुझ तक
हल्की-हल्की ही आई
मेरी आँख खुली
मैं धन्य हो गया
लगभग अनन्य हो गया

अजीब संयोग है
चहक
और महक
और किरन
मुझे तो याद नहीं आती
कब से इतने सही सोने और
इतने सही उठने की

कब से नहीं जागता
अब मैं किसी चिड़िया
महक या किरन के कारण
ओ मेरी अनोखी चारण

बताओ
तुम सुगन्ध के कारण
चहकीं
या महक के कारण
या किरण के कारण
ओ मेरी
सविता से सज्जित
अनोखी चारण।

3 नवम्बर, 1975

पानी को जान दे रही है चट्टान

पानी को जान दे रही है चट्टान
नहीं तो वह ऐसा गीत कैसे देता
तुमने परचम कर दिया है मेरे ग़म को
नहीं तो कैसे लहरता वह हवा में ऐसा
जैसा पिछले कुछ दिनों से हिल रहा है
आसमान को हिलाता हुआ
सूरज की आँखों से आँखें मिलाता हुआ
और तुम समझ नहीं पा रहे हो
अपना ही मर्सिया इस लय में गा रहे हो
जैसे वह सेहरा हो कोई
ज़माना चुपचाप सुन रहा है यों
जैसे वह बहरा हो कोई
मगर जानते नहीं हो तुम
इस सुनने में मसलहत है एक
मुग़ालता देना ज़माने की लत है एक।

19 अप्रैल, 1976

प्रतिबद्ध

मुझसे कहो उठो मैं उठूँगा
कहो मुझसे चलो मैं चलूँगा
गाओ कहोगे तो
वह मेरे लिए सहज है
शाम से भोर तक
धरती से आसमान के छोर तक
गाऊँगा
उठूँगा चलूँगा
घुमाऊँगा जैसे धरती को
तुम्हारे इशारे पर
इच्छा होगी तुम्हारी
तो नया
और अनजाना कोई जीवन तक
फिर जीना पड़ेगा

शरीर की इस हालत में
डालकर धरती में जड़ें
रस तक खींचना पड़ेगा
और सींचना पड़ेगा
अपने आसपास को
उस रस से।

28 अप्रैल, 1976

आँखें बोलेंगी

जीभ की ज़रूरत नहीं है
क्योंकि कहकर या बोलकर
मन की बातें ज़ाहिर करने की सूरत नहीं है
हम बोलेंगे नहीं अब घूमेंगे–भर खुले में
लोग आँखें देखेंगे हमारी आँखें हमारी बोलेंगी

बेचैनी घोलेंगी हमारी आँखें वातावरण में
जैसे प्रकृति घोलती है प्रतिक्षण जीवन में
करोड़ों बरस के आग्रही मरण में
और सुगबुगाना पड़ता है उसे
संग से शरारे छूटने लगते हैं
पहाड़ की छाती से फूटने लगते हैं झरने!

2 सितम्बर, 1976

संगीत

अमरूद से
आम पर
जा रही है गिलहरी
आते-जाते
गा रही है गिलहरी

इस किचकिच को संगीत
हाँ, कह सकते हैं
भाव है इसमें
भावना है भय है
चिन्ता है स्नेह है लय है।

9 सितम्बर, 1976

एक और आसमान

मछली
उछली

उजली चाँदनी ने
उस पर हाथ फेरा

चाँदनी से भी
उजले पानी का

पानी पर
एक घेरा बन गया

बन गया मानो
नीचे धरती पर भी एक आसमान!

9 सितम्बर, 1976

भाषातीत

एक बहुत बड़ी आशा
बहुत ऊँचे तक जाकर
गिरी
और देखा मैंने
उसे चूर-चूर होते
ऐसे
जैसे बोए हुए खेत
फ़सल होने तक
पक जाएँ
चढ़ पाएँ
बाधाओं के बावजूद
पर्वतारोही शिखर तक
और पड़ जाएँ तब
पकी हुई फ़सल पर ओले
गड़ जाएँ पर्वतारोही
हिम की वर्षा में
ऐसा हुआ
इस आशा के साथ
और तो और
बढ़े नहीं उसे थामने
मेरी भाषा के हाथ

11 सितम्बर, 1976

मित्र मंडल

मैं आज
घूमने निकल पड़ा
तो चीज़ें आ गईं
हाल-चाल पूछने

बहुत दिनों से
निकला नहीं था
घर से बाहर
सबके चेहरे पर
ख़ुशी देखी
और उत्सुकता

सबसे बढ़कर
अलग-अलग मिला
और समझकर उत्सुकता
कहा, अच्छा है
कैसी हैं आप कैसे हैं आप

सबने लगभग मुस्कुरा कर ही
जताया कि अच्छे हैं हम
हमें चिन्ता रहती थी लेकिन
तुम्हारी।

11 सितम्बर, 1975

पश्चात्-ताप

मैं तुम्हें
सूने में से चुन लाया हूँ

क्या करते तुम वहाँ अकेले
झेलते झमेले हवा के थोड़ी देर
हिलते-डुलते उसके इशारों पर

और शायद फिर बिखर जाते

यों मैं फूल कदाचित् ही
चुनता हूँ

मगर अकेले थे तुम वहाँ
कम से कम
दो होंगे हम यहाँ

अभी-अभी मेरे मन में मगर
यह एक खटका आया कि
जाए मुमकिन है कोई तितली
और न पाए वह तुम्हें वहाँ
जहाँ तुम उसे मिल जाते थे

या गूँजे हिर-फिर कर
कोई भौंरा आसपास
परेशानी में
यह एक खटका
अभी-अभी मेरे मन में आया
सोच में पड़ गया हूँ
क्या जाने मैं तुम्हें
ठीक लाया या नहीं लाया!

12 सितम्बर, 1976

सिर को पीछे फेंको झटके से

सिर को पीछे फेंको झटके से
साधारण आदमी मत दिखना अभी या अभी भूले भटके से।
तुम्हें तो लोगों को भीड़ बनाकर उनके आगे-आगे चलना है
कोई न कोई प्रगति या विद्रोह का नारा देकर उनको छलना है
कि नेता और सो भी असाधारण बन जाओ तुम एक खटके से।
सिर को पीछे फेंको झटके से
साधारण आदमी मत दिखना अभी या कभी भूले-भटके से।

असाधारण दिखने के तरीक़े सादे हैं
अगर इन्हें सीखने-समझने के इरादे हैं
तो किसी जनवादी कवि या अफ़सर से मिल लीजिए
गटकिए उनके साथ वह पेय जो गटका नहीं जाता गटके से
नेता हर क्षेत्र के बन जाइए
सो भी असाधारण एक खटके से
साधारण आदमी नहीं दिखना है अभी या कभी भूले-भटके से।

1976

मृतप्राय उजाले ने

मृतप्राय उजाले ने
जाने क्या ख़याल किया
मुझको घेरा
आवाज़ लगाई चलो
कि आगे की दुनिया
मेरी जानी-पहचानी है

मैंने भी टेरा
अपने साथी साहस को
जो रुक जाने की बात
सोचता लगता था
वह हिला नहीं बोला मुझसे
मृतप्राय स्वरों के पीछे चलने की आशा नाहक है
जो स्वयं डूबता जाता है
प्रतिक्षण नीचे-नीचे-नीचे

हम कैसे मानें
किसी ठीक पथ पर वह
मैं साहस के वचनों को
जब तक सुनूँ-सुनूँ
मृतप्राय उजाले ने
मुझको फिर से टेरा

मैंने हेरा साहस को ऐसे
जैसे वह मेरा
साहस होने के लायक़
इस क्षण बचा नहीं।

मैंने अस्ताचलगामी का
आँचल पकड़ा
और लगा कि मेरा जन्म अँधेरे में होना निश्चित ही था
मैं नए सिरे से पैदा होकर तोड़ूँगा
अनजान अँधेरे की परतें
मृतप्राय उजाले की आँखें
फिर चमक उठीं
साहस जो अब तक सिर्फ़ खड़ा था
मुझे देखता हुआ स्तब्ध
पीछे दौड़ा आहट सुनकर
मैं घूमा जब
साहस ने जैसे
नख से शिख तक चूमा
तब और कहा कि लो
मैं अब तक साथ तुम्हें देता था
अब तुम दो।

21 अक्टूबर, 1976

तुकें ज़रा ज़्यादा हैं तुम्हारे पास

तुकें ज़रा ज़्यादा हैं तुम्हारे पास
कहा गया हमसे
और हम हो गए उदास
बेतुके होने की कोशिश में
काम चलाने लगे कुछ कम से
तो बोले
यह जो आपका घड़ा है

पानी उसमें लगभग नहीं है
वह पत्थर ही पत्थर से भरा है
बहुत ज़्यादा पत्थर डाल दिए तुमने
उठा-उठाकर चोंच से
अपनी कविता के घड़े में

प्यास इससे तुम्हारी बुझ जाएगी
मगर तुम्हीं बताओ
भला ऐसी कविता
और किसके काम आएगी

मैंने कहा
ये पत्थर नहीं हैं साहब शिल्प है यह
तो वे बोले
यों ही नहीं ज़ोर से हँसकर कि
भले आदमी
इसे ज़रा फिर से कह
और भी किसी ने कभी कहीं
बात शिल्प की की है
और काफ़ी लम्बी-चौड़ी

हम शिल्प का यह खेल समझना चाहते हैं
अक्ल और भावना और आम आदमी से
इसका मेल समझना चाहते हैं
कोई बरस हुआ
हम कवियों में आते-जाते हैं
अक्सर उनमें से कुछ
शिल्प की कुछ विचार की
कुछ भावना की
कुछ आम आदमी की बात बताते हैं
और कहीं-कहीं चलता है तुम्हारा चर्चा
तो वे बातें तुकों की छेड़ते हैं
इसलिए हमने तुमसे

एक सुनी-सुनाई कही थी कि
तुकें तुम्हारे पास ज़रा ज़्यादा हैं
तो तुमने हमें शिल्प से घेर दिया
जैसे अपनी समझ में
एक गन्ने के खेत को
उखाड़कर घानी में पेर दिया
और पेश कर दिया
आम आदमी के सामने
पत्थर-डले पानी नहीं
रस का घड़ा

मैं सोच रहा हूँ
खड़ा-खड़ा कि आज के कवियों से
कविता तो बनती नहीं है
वक्तव्य देते हैं
कभी ज़रा छोटा
तो कभी बहुत छोटा
तो कभी बहुत बड़ा
और लोगों को
अपने वक्तव्यों से डराते हैं

हमने कहा न कोई
बरस-भर से हम कवियों के पास
आते-जाते हैं
और वे हमें जब अपनी कविताएँ सुनाते हैं
नहीं भी सुनाते हैं
तो हम कुछ न कुछ
पूछ लेते हैं
या कह देते हैं
जैसे हमने अभी कहा तुमसे
कि तुकें ज़रा ज़्यादा हैं तुम्हारे पास
तो तुमने शिल्प से भरा

एक घड़ा पेश कर दिया
जानते हो शिल्प की व्युत्पत्ति
उसका सम्बन्ध
थोड़ा बहुत ही सही
शिला से है
तो तुम अपने इस शिल्प के घड़े को
शिला पर मारो
हमारे आगे ऐसी बातें बत बघारो

मैं सोच में पड़ गया कि
यह आदमी आम है या ख़ास है
शिल्प तक की व्युत्पत्ति इसके पास है
और तुकों को यह ठीक जगह पर भी
ज़्यादा गिनता है
और कौंधी मेरे मन में
शिल्प की व्युत्पत्ति
कि धातु है उसमें शिल
शिला का वहाँ कुछ नहीं है
शिल्प में शिल का है

और मतलब होता है
उसका चुनना
और सो भी चमकते हुए दाने
कटनी हो जाने के बाद
खेत में जो गिरकर रह जाते हैं
बोलचाल में इसे
सिला बीनना कहते हैं
तो तुकें कम करके मैंने
चमकदार बिखरे दाने बीनने की कोशिश की
और बीने मगर
इस आदमी ने
इन्हें चाहे जो कहकर

मेरी झोली से छीने
और कवि तो छोड़ो
मुझे दाने बीनने वाला
शिल्पी तक नहीं मानता
मुझे नादिम करना चाहता है
मेरे रस के घड़े को
पत्थरों से भरा कहना चाहता है
और कहता है उसे मैं
पत्थर पर दे मारूँ
जब कि सच कहूँ
थोड़ी हिम्मत बाँधकर
तो कारूँ का ख़ज़ाना है मेरी कविता
चाहे अक़्ल के ख़याल से देखो
चाहे भाव के
चाहे ख़याल से आम आदमी के घाव के
और फिर तिस पर
सपाटबयानी है यह
इसमें युगबोध है
बड़े शोध के बाद हाथ आई है यह
जाने किस समालोचक का
छोटा भाई है यह

कि सारे गुणों के बावजूद कहता है
अपने शिल्प को शिला पर दे मारो
मुझे इसकी नहीं सुनना चाहिए
तुकें न सही
चमकदार दाने चुनना चाहिए
और सजाना चाहिए
उन्हें किसी कल्पना की शक्ल में
जब भूख से ज़्यादा ज़रूरी है कल्पना को बुझाना

भाई रघुवीर सहाय
ज़रा तुम सुझाना

क्या मैं अपनी तुकों को छोड़कर
तुम्हारे शिल्प पर उतर आऊँ
बजाय अपने इस छोटे घर के
किसी बड़ी सराय में ठहर जाऊँ
जब तक ठहरने दे सराय वाला
क्योंकि तुमने अभी किसी
डाक्टर लोठार लुत्से से शिल्प की बात की है
अपनी एक कविता को लेकर
मैंने वह कविता भी पढ़ी है
और तुम्हारी श्री लुत्से से बात भी
मैं अपने ढंग को छोड़कर
तुम्हारा ढंग अपनाना चाहता हूँ
याने तुम्हारी दी हुई स्वरलिपि में
अपने गीतों को गाना चाहता हूँ
तुम हँसते हो
हँसो-हँसो जल्दी हँसो
जब काम चल सकता है
हर परिस्थिति में इसी से तो
गम्भीर किसी काम में
निरर्थक क्यों फँसो

मगर मेरी हद तक मैंने
कोई आदेश नहीं दिया है
मैंने तो तुम्हारी बातचीत में से
एक चमकदार दाना उठा लिया है
जो कविता की फ़सल के
कट चुकने के बाद
खेत में गिर गया था
जो अपने आप अनोखे एक शिल्प से
घिर गया था
तो तुम हँसो-हँसो जल्दी हँसो
निरर्थक किसी गम्भीर झंझट में

मत फँसो
कुहरा शिल्प को ढँक सकता है
और शिला को भी
मगर हमारे शरीर की हड्डी को वह नहीं ढाँक सकता
उसे तो हमारा मांस और मज्जा ही ढँकेगा
इसलिए यह जो आदमी
कोई बरस-भर से कवियों के बीच में
आ-जा रहा है
हमारी-तुम्हारी कविता की क़ीमत
क्या ख़ाक आँकेगा
हमने जो दाने बीने हैं
क्या वे भूख के लिए नहीं बीने
अल्पना के लिए बीने हैं
और उससे भी ज़्यादा क्या
किसी कल्पना के लिए
बीने हैं
मैं कहता हूँ
न तुकों को तुच्छ गिनूँ मैं
न तुम शिल्प को कमतर मानो
ज़रूरत पड़ जाए तो
तुम अपना शिल्प
ऐसी बातें करने वालों के सिर को साधकर
एक शिला की तरह तानो
और मैं तानूँ खेत से
बीने हुए चमकदार दाने
कि उलटे-सीधे कहीं गिरें
तो फूटें अंकुर बनकर
रह न जाएँ
किसी पत्थर की तरह
केवल तनकर।

23 अक्टूबर, 1976

उसने आकर कहा

उसने आकर कहा
उठो सुबह हो गई
मैं देरी से सोया था रात को
सुना और करवट-भर बदल ली

मगर वह जो सुबह हो जाने पर उठ बैठा था
मुझे क्यों सोने देता
उसने मुझे कन्धे से झकझोरा
और कहा उठो भाई
वक़्त हो गया उठने का

मैंने कहा सोने दो यार
तो वह झुँझलाया
बोला, दोपहर को सो लेना
अभी उठो सुबह हो गई है

मैं उठा, मन में सुबह हो जाने का ग़ुस्सा लेकर
देखा खिड़की से आसमान की तरफ़
तारे पीले पड़ने लगे थे
अज़ाँ की आवाज़ सुनाई दे रही थी
पहला ख़याल तो यही आया कि
अब क्या सोचकर पुकारते हैं
लोग लोगों को नमाज़ पढ़ने के लिए
क्या मिलने वाला है
किसी को अब नमाज़ में

पिछले चार-छै महीने
आँखों और मन में घूम गए
और चिढ़ा मन कि
इस सबके बाद भी बन्द नहीं है
सुबह का होना
उठना लोगों का और उठा देना

लोगों को तड़के
आवाज़ लगाना नमाज़ियों को

रात-भर का कड़वा मुँह और भी कड़वा हो गया
देखा सड़कों पर
वैसी ही भागदौड़
शुरू हो गई है अभागों की
जिन्हें दिन कुछ नहीं देगा
और रात जिन्होंने फुटपाथों पर काटी है
तो भी उठा दिया था आदतन
सुबह उठने वाले ने

मुँह-हाथ बदस्तूर धोकर
दूध लाने चल दिया
मिल्कबूथ से
और खड़ा हो गया जाकर
क़तार में उन सबकी
जिनकी सुबह हो गई थी
और जिन्हें सुबह हो जाने पर
फिर दिन-भर
मरने के लिए
उठना पड़ता है।

26 अक्टूबर, 1976

ओ माँझी होशियार

दुर्गम गिरि कान्तार मरु दुस्तर पारावार
घनी रात में इन्हें लाँघना है साथी होशियार
डगमग नौका ज्वार का झोंका माँझी भूला पथ
पाल फट गया हाल सँभाले किसमें है हिम्मत?
अरी जवानी, कर अगवानी चला भविष्यत् रथ
इस आँधी को चीर-चीरकर नैया करना पार

रात घनी, माता के मंत्री-संत्रीगण सावधान
युगों-युगों की संचित पीड़ा लाई है अभिमान
जाग उठा है दबे मनों का पुंजित सब अभिमान
साथी इन्हें बनाना होगा देकर हर अधिकार

नहीं सहारा तिनके का भी डूब रहा वह देश
माँझी आज कसौटी पर है मातृ-भक्ति रणवेश
हिन्दू हैं या मुसलमान यह नहीं प्रश्न परिवेश
ये मनुष्य, माँ के सपूत थे, माँझी इनको तार

गिरि संकट पथ भीरु-पथी बिजली गरजे-तरजे
डरे हुए राही का शंकित मन बढ़ने से बरजे
माँझी तू मत राह भूलना तेरे तो चरचे
जैसे-तैसे खींच नाव को कर दे बेड़ा पार

माँझी ऐसा समझ पलासी का है यह मैदान
ख़ून रँगा खंज़र क्लाइव का यहीं इसे पहचान
यहीं हुआ गंगा में भारत के रवि का अवसान
करे हमारा रुधिर उसे फिर उदित यहीं इस बार

गाते-गाते झूल गए जो फाँसी पर जयगान
वे अलक्ष्य में खड़े पूछते हैं दोगे बलिदान?
अग्निपरीक्षा की घड़ियों में करो देश का त्राण
डगमग नैया, उठो खिवैया, कर दो बेड़ा पार।

25 नवम्बर, 1976

न उन्होंने

न उन्होंने
हल चलाया न चरख़ा

न उन्होंने
गरमी झेली न बरखा

मगर
उन्होंने

कुछ नहीं किया ऐसा
मत कहो

उन्होंने आपस में
बैठकर बातें कीं

अपने अच्छे ख़ासे दिनों की
उन्होंने रातें कीं

और फिर उठे
नारे लगाए
काले आसमान में
लगभग तारे जगाए

शब्द उनके पास थोड़े थे
मगर घने थे

क्योंकि वे किताबों से अलग
कहीं उनके भीतर
बने थे

और बाहर निकले थे
उनके बावजूद
नए ये लड़के
तड़के कभी नहीं उठे

न उन्होंने हल चलाया
न चरख़ा

न उन्होंने गरमी झेली
न बरखा

मगर उन्होंने
कुछ नहीं किया
ऐसा मत कहो!

1976

अभिसारिका

सड़क-सड़क
चली
एक कली
नदी के तीर पर

सपना
सोया था कोई उसका
काले गहरे नीर पर

कितने और कैसे-कैसे
पाँवों से बचकर
पहुँची वह घाट तक

उतरी अभिसारिका वह
सीढ़ियों से लहरों पर
चेहरों पर तारों के
चमक आ गई

पूरे प्रवाह पर
एक चुप्पी छा गई!

1976/77-78

कितनी ख़ूबसूरत है

कितनी ख़ूबसूरत है
पुलिस की वह बड़ी मोटरगाड़ी
जिसमें लोगों को
उठा-उठाकर डाल दिया गया है
और जो चली जा रही है
हवा की चाल से
अदालत की तरफ़ नहीं
सीधी जेल की तरफ़
देखे ज़रा कोई इस ख़ूबसूरत खेल की तरफ़

और इन ख़ूबसूरत लोगों की तरफ़
जो इसे कोई गहरा खेल समझ रहे हैं
न कुछ एक चहारदीवारी को
जेल समझ रहे हैं
और समझ रहे हैं
क़ैद कर दीं हमने न्याय के लिए
व्याकुल आत्माएँ हमेशा के लिए
याने हो गया है हमारे लिए वैसा कुछ
कर नहीं पाए थे हिटलर या मुसोलिनी या स्टालिन जैसा कुछ।

1976

बुद्धिवादी

आफ़त में पड़ जाने पर
कौन क्या करेगा
यह कोई नहीं जानता

तुम अगर यह सब
आफ़त से बचने के लिए
कर रहे होते

तो मैं बुरा न मानता
मगर तुम आराम की
ज़िन्दगी के लालच में

हो गए हो
हत्यारों के साथ
और बुरा लगा है यह मुझे!

6 दिसम्बर, 1976

मौत की आपने भली पूछी

मौत की आपने भली पूछी
समझिए यार की गली पूछी

इसमें मैं बहुत गया–आया हूँ
मैंने छानी है इसकी ख़ाक बहुत
इसका मैं सौ तरह सताया हूँ
खोलना चाहता था अरसे से इसके कुछ राज़
इसकी कुछ परतें
सोचता था मगर कहाँ छेड़ें
क़िस्से इसके कहाँ खुले कर दें

इसकी गलियों में वक़्त–बेवक़्त
घूमकर मैंने बहुत देखा है
मेरे जीवन में आप झाँकें अगर
हर कहीं इसकी कोई रेखा है
अभी गहरी अभी धुँधली
अभी काली अभी पीली
इसकी रंगीनियों...

(अधूरी) जुलाई, 1977

ये आवाज़ें

मैं कुछ कहने के ख़याल में
बढ़ा था
मगर पाँव
एक चुप्पी में
फिसल गया
और आवाज़ें ये
लोगों के हँसने की
आ रही हैं।

7 सितम्बर, 1977

कोई जैसे अपने सात

कोई जैसे अपने सात
सपूतों को खा जाए

और ख़ून से
लपटाया हुआ मुँह
सामने लेकर आ जाए
उसने ऐसा कुछ किया
और तब हमने
अपनी देह भी उसे दे दी
देह मगर हमारी
सिर्फ़ देह नहीं थी
उसमें कोई साहस
कोई ज्वाला
कोई गान
उफन रहा था
वह लौट पड़ी
और अब अपना मुँह
धो रही है
मगर धुल नहीं रहा है
उसका मुँह।

25 सितम्बर, 1977

सपने से बाहर

सपने देख रहा था जो आदमी
वह निकला है
अपने सपने से बाहर
लहूलुहान और भयभीत

अस्फुट-सा
मगर एक गीत
उसकी ख़ून की बूँदों से
टपक रहा है
और देखो
अस्फुट-सा यह गीत

लपक रहा है
चीते की तरह
उस किसी दिशा में
जिसे माना था उसने
पाने लायक़
अपने सपने की
घनी निशा में!

7 अक्टूबर, 1977

ग़म की छाया में

अब हम
ग़म के हाथों में हैं

और बेहतर महसूस
कर रहे हैं
अपने को
उसकी छाया में
चेहरा हमारा उसने
अपनी दोनों हथेलियों के बीच
ले लिया है

और पल-दो पल में ही हमने
कितना जीवन जी लिया है

आँखों में
उमड़कर बरबस
पानी आ गया है

बरबस आँखों में
उमड़ा हुआ पानी
भा गया है ग़म को
और चूम लिया है

उसने हमारे गाल को
कितना छोटा
कर दिया है इस एक पल ने
समूचे हमारे काल को!

4 मार्च, 1978

हम और हमारा ग़म

ग़म ने हमारे आँसू पोंछे
भींगते चले गए
एक के बाद एक
उसके कितने अँगोछे

और अब वह
हमारे साथ-साथ
सिसक रहा है

बेचारा दुस्समय
इस दृश्य को देखकर
दबे पाँवों
खिसक रहा है

कोई नहीं है अब
हमारे आसपास

आकाश-भर नक्षत्रों का
महारास तक
थम गया है

ऐसा आत्मीय ग़म
नया है बूढ़े आसमान के लिए भी

स्तब्ध है वातावरण
सटकर खड़े हैं जीवन और मरण

याने हम
और
हमारा ग़म!

4 मार्च, 1978

ये वसन्त है भाई

ये वसन्त है भाई
वसन्त है
चलो किसी जंगल में चलें
चलो जहाँ शहर के फूल नहीं खिलते
उस मंगल में चलें
वहाँ का सबेरा देखेंगे
पीत और छोटे बड़े
तमाम पंछियों के गीत से भरा हुआ

क्या कहा यह छायावाद है
और मरा हुआ
तब तो और भी ज़रूरी है
इसे जिलाना
जंगल के फूलों को खिलाना
सिर्फ़ प्रकृति नहीं
कविता में भी
ये वसन्त है भाई
वसन्त है
क्या हर्ज़
यह भवानी प्रसाद मिश्र नहीं है
सुमित्रानन्दन पन्त हैं

छायावाद ही नहीं
मर तो हम भी गए हैं
जो ज़रूरत से ज़्यादा नए हैं
और जिनकी ओर कोई आँख

उठाकर नहीं देखता
हमारे भावों को तो छोड़ो
लोग हमारे घावों को भी
झूठा मानते हैं
क्योंकि वे हम ज़रूरत से ज़्यादा नयों को
मरे हुओं से भी ज़्यादा
मरा जानते हैं
मरे हुए किसी काम
शायद पड़ भी जाएँ
हम किसी के काम नहीं पड़ते
अर्थ के ख़याल में
अनर्थ गढ़ते हैं
और उसे सिर्फ़
हम पढ़ते हैं
या हमारे ही जैसे दूसरे
ज़रूरत से ज़्यादा नए
जिन्हें अर्थ कविता में नहीं
किसी मंच पर देखना है
और अनर्थ अपने सिवा
इस पर उस पर
रंच-रंच पर देखना है।

7 मार्च, 1978

प्रतीक्षित

एक आवाज़ है मेरे भीतर
जो मेरे भीतर
तुम्हारे भीतर से आई है
मैंने भी उठाई है
अपने भीतर एक आवाज़
यह सोचकर कि
रसाई है

आवाज़ों की
दिल से दिलों तक

बताना मुझे
जब तुम्हें भी प्रतीति हो
अपने भीतर मेरी आवाज़ की।

4 मई, 1978

यह शाम

यह शाम मर रही है
कि दिन सूरज के बिन
मर कोई नहीं रहा है शायद
दोनों में से
हँसी फूट रही है
दोनों की आँखों के
कोनों में से

3 अगस्त, 1978

पाँव की नाव

रात ने पाँव के नीचे के
पत्थरों को ठंडा कर दिया है
और हवा में
भर दिया है
एक चमकदार सपना
मैं उस सपने को
देखता हुआ
चल रहा हूँ
ठंडे पत्थरों पर

डर ने
मेरी अँगुली पकड़ ली है
और आश्वास

दे रहा है वह
पत्थरों पर चल रही
पाँव की मेरी नाव को
सपने के भीतर से
भोर तक
उतार लाने का।

25 नवम्बर, 1978

उदास आकाश

हंसों के डैने तक
पैने लगते हैं जिसे
उदास ऐसा आकाश
तरंगित कैसे कर सकता है भला
कार्तिक की चाँदनी

साफ़ किसी ख़याल के बजाय
निरर्थक सवालों पर सवाल
सूझ रहे हैं आज
वन को

कौन करे निश्चिन्त
इसके
थरथराते मन को

तुम बैठ जाओ
उत्साह भरे मेरे शरीर
सशंकित इस वन में
कि चाँदनी को मिल जाए
तुमसे और आकाश को
बहलाने लायक़ कोई तत्त्व

खिल जाए चाँदनी की तरह
उदास आकाश भी
आश्वस्त हो जाए वन का मन

आकाश को
डैने हंसों के
पैने न लगें!

27 नवम्बर, 1978

शायद भगवान था वह

शायद भगवान था वह
जो ठिठक गया देखकर हमें
चिन्ता का भाव आया
उसके चेहरे पर
और
फिर उसने पूछा
झिझकते हुए
तुम्हें ज़रूरत आनन्द की
हो तो है मेरे पास
हमने उसकी ओर देखा
हम समझे नहीं
आनन्द की बात
और हमने कहा
हमें कुछ नहीं चाहिए
हम ज़रा जल्दी में हैं
बहुत बाद में समझे हम कि
शायद भगवान था वह
और आनन्द था उसके पास
मगर हम जल्दी में थे।

23 दिसम्बर, 1978

मेरा दुख

एक पहाड़ से
निकला था मेरा दुख
और बहा फिर वह

मैदानों में
बियाबानों में से
खेतों तक
ले गए उसे लोग
तो वह गया

और हरे किए उसने
घावों की तरह
इनके उनके
सबके सुख

दुख मेरा
एक पहाड़ से निकला था
और पार करके मैदानों को
मिल गया सागर से
कई बातें हुई हैं
इसके साथ
बहुत-कुछ गुज़रा है इस पर
पहाड़ से सागर तक पहुँचने में
और दुख ने मेरे
ज़्यादातर
अच्छा माना है
उस सबको
सिवा इसके कि बना दिए
लोगों ने उसके ऊपर पुल
कि छूने न पाए
मेरा दुख उन्हें!

25 दिसम्बर, 1978

तुम नापो तौलो

तुम नापो
तुम तौलो

क्योंकि तुमको
इसका नाद है

हर चीज़ तुम्हें
नाप और तौल के
हिसाब से याद है

तुम नापो और तौलो
चाहो तो मुझे भी
मगर
उदास हो जाना अगर

मैं तुम्हारे
किसी भी बाँट से बँटूँ नहीं
तुम्हारे किसी भी नाप में
अँटूँ नहीं!

23 जनवरी, 1978

हँसकर लापरवाही से वे

मैंने थोड़ी आज़ादी से लिखकर गीत दिए
उसने थोड़ी लापरवाही से वे गीत लिए
आज़ादी और लापरवाही
से गाढ़ी हो गई सियाही
आखर काले
सुर मतवाले
ढाले धरती और गगन ने, सारी रात पिए!
मैंने थोड़ी आज़ादी से लिखकर गीत दिए!!
आज़ादी और लापरवाही
बरपा कर दे अगर तबाही
कोई अपना
सीधा सपना
सम्भव है अब अलग ढंग से आगे और जिए
मैंने थोड़ी आज़ादी से लिखकर गीत दिए!!

लापरवाही से ले जाओ
मेरे गीत गगन-भर गाओ!

1979

तिनके

तिनके
दूब पर पड़े हैं

गड़ता है तिनकों का
हरी दूब पर
पड़कर रह जाना

याने
हरा न रहना उनका
पीना नहीं ओस रात की

न देना
नंगे-थके पाँवों को
ताज़गी

जड़ता है यह उस अति की
जो गति थी कभी
रसवन्ती एक बिजली की!

7 फरवरी, 1980

ममेदम्

मेरे चलने से
हुए हो तुम
पथ
और
रथ हुए हो तुम
मेरे रथी होने से
रात बनोगे तुम

मेरे सोने से
और प्रभात मेरे जागने से

1980

कोई सख़्त-सा गीत

मैं लड़ना नहीं चाहता
चाहता हूँ मगर कि तुम मुझे
नाहक़ मत ललकारो

ऐसी बातें मत कहते फिरो
जो मेरी तो छोड़ो किसी से भी
चुपचाप नहीं पी जा सकतीं
हमें तुम प्रगति का समानता का
दुश्मन कहो और ख़ुद प्रगति
और समानता के विरोध में रहो

आड़े आओ भाईचारे के
जकड़ो ज़ंजीर में
हर प्यारे आदमी को

घोषित तिस पर यह करो
कि ज़रूरी है यह
अच्छी बातों को बचाने के लिए

तो बताओ घर से निकलकर
सड़क पर आना पड़ेगा कि नहीं
कोई सख़्त-सा गीत

तुम्हारे ख़िलाफ़ गाना पड़ेगा कि नहीं
जुटानी पड़ेगी कि नहीं भीड़
तुम्हारे दरवाज़े तक जाकर

निर्भय स्वर में यह कहने वालों की
कि लो हम हैं वे लोग
जिन्हें तुम

प्रगति और समानता के
ख़िलाफ़ कहते हो
देखो और बने तो सोचो
कि हमारी संख्या लगभग उतनी है
इस बड़े देश की जितनी है!

28 फरवरी, 1980

प्यासी प्रकृति

रात उस दिन
रोज़ से
ज़्यादा खिली थी
उस दिन मुझे
तबीयत
रोज़ से ज़्यादा अच्छी मिली थी
जी हुआ
किसी को अपनी कविता
सुनाऊँ
मगर
कौन निकलता है
आजकल
चाँदनी में घूमने
और सुनकर कविता
झूमने के ख़याल से

तब मैंने
एक सितारे की तरफ़
मुँह किया
और अपनी कविता
उसे सुनाई
साफ़ देखा मैंने
वह पहले से ज़्यादा
चमका

और अपनी गर्दन
यों हिलाई
मानो कह रहा हो
और सुनाओ एक कविता
बहुत दिनों बाद
मैंने कुछ सुनने
लायक़ सुना है
तुमने इसके लिए चुनकर मुझे
लगभग एक
ज़रूरतमन्द को चुना है!

1980

गया हूँ पहले भी वहाँ

गया हूँ पहले भी मैं वहाँ
उस अनजाने देस में
मगर दूसरे भेस में
फिर जब पहुँचूँगा अब
तो लोग
पहचाने भी नहीं
कहूँगा
कि पहले भी आया था
तो मानेंगे नहीं
लाचार होकर मुझे
उनके भेद
खोलने पड़ेंगे
और तब उन्हें
अपने दिमाग़
टटोलने पड़ेंगे
चकित होकर कहेंगे वे
बातें तो तुम्हें
मालूम हैं यहाँ की

अच्छा
अब सुनाओ कुछ
वहाँ की
मुश्किल तब पड़ेगी
यहाँ की हर अदा
मुझे वहाँ गड़ेगी।

1980

मैं कई बार ताकता हूँ

मैं कई बार ताकता हूँ
समय को सिर से पाँव तक
और दिखता है मुझे समय
उतना ही अकेला और घायल
जितना मैं हूँ
लव निमेष
आँसुओं की तरह
बहते दिखते हैं
उसके गाल पर
और युग रक्त की तरह चर्चित दिखते हैं
उसके भाल पर
लगता है समूचे काल पर
मेरी छाप है
और समूचे काल की छाप है
मेरे ऊपर
हम एक दूसरे की तरह
अकेले और घायल हैं
और निकल जाना चाहते हैं
दिशाओं से दूर
ऐसी जगह
जहाँ मुझे समय न दिखे
और मैं न दिखूँ समय को।

4 दिसम्बर, 1981

सूरज अभी निकला नहीं है

सूरज अभी निकला नहीं है
मगर नदी
उसके आ जाने की
घड़ी ताड़ गई है
पानीदार हो गया है उसका चेहरा
और किनारों पर खड़े
उसके पेड़ों की पत्तियाँ
उत्सुक भाव से
एक दूसरे को
चंचलता की तरफ़
ढकेल रही हैं
पंछी छोड़ रहे हैं नीड़
रात मेरी भी
ख़त्म हो गई है
अब और ज़रूरी नहीं लगता
वन्या के किनारे
रात काटने के ख़याल से
पड़े रहना।

4 दिसम्बर, 1981

वे परेशानी में थे

वे परेशानी में थे
तो पूछा हमने
क्या बोया था आपने
इस साल ख़रीफ़ के दिनों में
तो बोले
तुम हमें क्या कोई
बोने वाला समझते हो
हम तो फ़सलें ख़रीदते हैं
मगर फ़सल इस साल की

तकलीफ़ दे रही है
किसान को भड़का दिया है किसी ने
ज़्यादा दाम माँग रहा है वह इस साल
पिछले साल से भी
तो अब हम
उससे मोल-भाव करने के बजाय
करना चाहते हैं सरकार से मोल-भाव
न सही किसान
सरकार हमारी मुट्ठी में है!

23 फरवरी, 1982

मैं निकला था बेचने सपने

मैं निकला था बेचने सपने
जो मुझे इसी मतलब से दिए गए थे
किसी ने उन्हें नहीं लिया
और खोंस लिया है उन्हें मैंने
फूलों के गुच्छे की तरह-
वे एक अरसे से
ताज़ा बने हैं
और अनमने हैं वे सब
जिन्होंने ख़रीदे नहीं सपने
जो केवल मुस्कुराहट देकर मिलते थे

फरवरी, 1982

दिया बुझ रहा है मेरा

दिया बुझ रहा है मेरा
और साँस रोककर
देख रहा है सूरज
मेरे दिये का बुझना!

फरवरी, 1982

जिन्हें न खाने को मिलता है

जिन्हें न खाने को मिलता है
न मौत मिलती है
किसी दिन उनके हिलाने से
यह धरती सरासर हिलती है।

फरवरी, 1982

सो गए हैं मरुस्थल में

सो गए हैं मरुस्थल में
रेत के टीले
जैसे पीले ऊँट
और हम
कम-ज़्यादा टीलों की तरह
चुप हैं
पास बैठे-बैठे सिर्फ़
ताक रहे हैं
चाँदनी में सोए
रेत के टीलों को
आवाज़ें
बाहर कुछ
झिल्लियों की हैं
और भीतर
हमारी चुप्पी की!

15 अगस्त, 1982

हम फिर मिले

हम फिर मिले
जैसे हमेशा
एक झिझक के साथ मिलते थे

हम फिर खिले
जैसे हमेशा थोड़ी देर बाद
खुलकर खिलते थे

20 अगस्त, 1982

क्या धरती क्या आकाश

एक अलग तरह के आकाश के नीचे
एक अलग तरह की धरती

अन्धी गलियाँ लोग आँखें मींचे
एक अलग तरह के आकाश के नीचे
आकाश के तारे सूरज से गरम
धरती के पहाड़ धूल से नरम

गंगा आकाश की उतरकर भी
किसको सींचे

एक अलग तरह की धरती के ऊपर
एक अलग तरह के आकाश के नीचे!

1981

पूर्वापर

छोटी-छोटी झाड़ियाँ चट्टानों के बीच
जहाँ-तहाँ फूटी हैं
इन्हीं के बीच चित पड़ा हूँ मैं चट्टानों पर
ऊपर का तारों भरा आसमान देखता हुआ
शायद वहीं क़हीं ऊपर हवा बह रही होगी
क्योंकि हल्के-हल्के बादल धीरे-धीरे
तारों के ऊपर से आ-जा रहे हैं
हवा यहाँ नहीं है
मैं लगभग खुले बदन पड़ा हूँ
मगर वह मुझे महसूस नहीं हो रही है

कहते हैं यहाँ याने इस दुनिया में सब तय है
कौन कब पैदा होगा, कौन कब मरेगा
कौन कल्पनातीत कोई रद्दी काम
निहायत अच्छी घड़ी में करेगा
गरमी कब आएगी और कब आएगी बरसात
रात कब होगी कब होगा प्रभात
याने आना तय है जाना तय है
रोना तय है गाना तय है
तब यहाँ जो मैं पड़ा हूँ चट्टानों पर
तारों-भरा आसमान देखता हुआ
सो भी तय था
अनिश्चय मेरा एक भय था यह अर्थ हुआ
और यह भी कि
इस घड़ी हवा जो ऊपर बह रही है
और नीचे नहीं, यह भी तय था।

30 जनवरी, 1983

सुख

यह सूने-सूने पन्थ पकड़ने का सुख है
यह अपनेपन से लड़ने-भिड़ने का सुख है।
ख़ुद इन पर तुम अपने पीछे अपने आगे
हो गई रात तो तुम ठहरे सोने वाले
पौ फटी, गई जब रात निराले में जागे
यह अपने मन से रुकने-बढ़ने का सुख है
फिर हल्की-तीखी धूप-हवा-बरखा-पानी
जो हर्ष-शोक आया उसके साक्षी तुम हो
चुपचाप सहेजो चाहो तो भीतर-भीतर
आ जाए मन में तो दे दो उसको वाणी
यह हद-बेहद की यादें गड़ने का सुख है
यह सूने-सूने पन्थ पकड़ने का सुख है।

10 फरवरी, 1983

एक वसन्त में

एक वसन्त में
दो बैल
चर गए थे
मेरा गुलज़ार का गुलज़ार
मगर
ऐसा तो नहीं हुआ
कि मैंने
फिर नहीं रोपे
फूल-पौधे!

1983

क़लम कारण

हमने उठा ली क़लम
और जो कुछ ठीक माना
सो लिखने लगे

क़लम कर दिए गए
इस अपराध में
हमारे हाथ

कि हमने
उन्हें
नाथ क्यों नहीं लिखा!

1983

रूहो-गिल

तू किसी असम्भव के
फेर में रहा
इसीलिए कभी
ज़बर में रहा
कभी ज़ेर में रहा

ग़ज़ल में रहा
शेर में रहा

न मक़ता सधा
न मतला
अब मत अपनी नज़्म
किसी को बतला

फेर से निकल
ज़बर और ज़ेर से निकल
ग़ज़ल से निकल
शेर से निकल

ये सब तुझे
महफ़िल तक ले जाते हैं
रूह से जुदा करते हैं
गिल तक ले जाते हैं!

1983

दिल्ली दूरस्त

जब फागुन और चैत में
रंग बरसेंगे
पहाड़ों और मैदानों में

जब खेतों में
सुबह से रात तक
कंठों से निकलकर

सुर गूँजेंगे
चैती के
उतरेंगे भीतर प्राणों में

तब हम
कुछ और
करें या न करें

दिल्ली से
दूर रहेंगे
वहीं कहीं

जहाँ रंग बरसेंगे
सुर गूँजेंगे चैती के खेतों में
सुबह से रात तक

और कोई तब
चाहेगा उस समय हमें
किसी काम से दिल्ली में

तो हम
सोच लेंगे मन में
दिल्ली दूरस्त!

1983

वसन्त दिल्ली में

फागुन और चैत में
रुके रहे दिल्ली में
तो सुनोगे
आसपास
इमारतें बनने-बनाने के
सिलसिले में
इस्पात की बड़ी मशीन की
इस्पात के
किसी छोटे-बड़े टुकड़े पर
चोट की आवाज़ें

देखोगे खिले
और लटकते हुए
पलाश और अमलतास की
जगह

उड़ते हुए चिनगारियाँ
जो लोहे को
झुकाने और जोड़ने में
छूटती हैं
फुलझड़ियों की तरह

और चोटें पड़ने
और फुलझड़ियाँ छूटने के
बीच-बीच में
आवाज़ें ओछी और कठोर
काम करने वालों से
काम लेने वालों की

रुके रहे अगर तुम
उस वक़्त दिल्ली में
तो जहाँ कहीं जाओगे

अपने जैसे
सन्दिग्ध लोग पाओगे
स्वर और सौन्दर्य की छुअन से
हीन
दीन किसी रास्ते पर
या दफ़्तर में
विमूढ़ कि

वे जिसे जानते थे
वह यहाँ नहीं है
स्वर और रंगों का मेला

एक सब कुछ को
जमाकर बर्फ़ कर देने वाली
ठंडी और क्रूर हवा
बह रही है भीतर-बाहर
वसन्त में भी!

1983

नया अन्त

नया अन्त तय किया गया है
अब
व्यासों, कालिदासों
गांधियों, मार्क्सों
या ख्रिस्टों या बुद्ध के
अनुयायियों का

अब ख़ुद

किसी आफ़त में
डालना होगा उन्हें अपने आप
याने समेटकर
जगह-जगह पड़े-बिखरे
पाप
ख़ुद
ओढ़ने होंगे उन्हें
अपने ऊपर यों
कि भाव हैं वे
किसी अभाव के

ख़ुद जाना होगा उन्हें
दर्द के किसी दरबार में
कि ले लो हमें
शरण में ले लो
बुलावा नहीं भेजा जाएगा
उनके पास
किसी सुरुचि
समादर
स्नेह या
सहानुभूति के उत्साह में भरकर

उन्हें तो ख़ुद जाना होगा
दर्द के दरबार में

ख़ुद फाटक खोलकर जेल के
बन्द कर लेना पड़ेगा
अपने को
फेंक देनी होगी
कुंजी बाहर
छोड़ देने पड़ेंगे
सपनों के देश
जहाँ रूप लेती दिखती थीं
उन्हें अपनी कल्पनाएँ
देते-से लगते थे जहाँ
शासक
शासित को समानता

शोषण की काली छाया
जहाँ धूप हुई लगती थी
लगता है मगर अब
मार लेनी होगी ख़ुद
छाती में अपनी
गोली
चढ़ जाना होगा ख़ुद
जत्थों में सूली पर

अपनी ज़रूरत से
तय जो किया गया है
टटका और ताज़ा
समर्थित विज्ञान से
अन्त नया
आदमी का
स्वैच्छिक जल-समाधि
ज़हरीले सागरों में
बढ़कर समर्पण ख़ुद करना है आदमी को
ज्वाला की गोद में
मानसिकता बनाए रखकर

श्रेष्ठ उपलब्धि की
वैज्ञानिक मोद में

25 अगस्त, 1983

फिर बहुत दिनों तक

रात ने एक हल्का इशारा किया
और कवि
उसके पास सरक गया

इस अप्रत्याशित घटना से
बादल का घना टुकड़ा
एक जगह से दरक गया

और उस सन्धि में से
चाँद
दिखने लगा

चाँदनी में
डुबाकर क़लम
पहाड़ कुछ लिखने लगा

फिर बहुत दिनों तक
न रात को आने-जाने की
सुध रही

न कवि ने न पहाड़ ने
किसी से अपने उस सुख की
बात कही!

26 नवम्बर, 1983

पहचान

तुमने आज
चाँदनी दी मुझे
उपहार में

और मैं
ले नहीं पाया
उसे चार में उस तरह

जिस तरह
अकेले में
ले सकता था

जब वह मेरे
चारों ओर फैली
तो समझी मैंने

आनन्द लिखने की
तुम्हारी शैली
थल पर और जल पर

पहाड़ पर और वन पर
शरीर पर और
मन पर

समझा मन ही मन में
कि शब्दों के
निश्चित अर्थ

किसी तरह बदल जाते हैं
अलग-अलग
सन्दर्भ में पड़कर

वे तब प्रतीक बन जाते हैं
तुमने इसी तरह चाँदनी को
एक प्रतीक में बदल दिया

वह मिली मुझे
तुम्हारा एक
उपहार बनकर

मगर मैं
ले नहीं सका उसे उतनी
ख़ुशी और कोमलता से

जितनी ख़ुशी और
कोमलता से दिया था तुमने मुझे
चाँदनी में चाँदनी का उपहार

चार के बीच वह उपहार
तुमने निस्संकोच दिया
मगर मैं सकुचा गया

लगा लोग बिना कुछ सोचे
पूछने लगेंगे
इनसे शायद आपकी

पुरानी पहचान है
कब से है
आपकी इनकी पहचान

क्या बताऊँगा मैं
जब वह तब से है
जब मैं था ही नहीं!

28 नवम्बर, 1983

मन मेरे

मन मेरे जब तुम
इतने उठ-गिर रहे हो
तब तुम्हें चाहिए
कि मुझे अपने डैनों पर लेकर
सम या विषम
किसी नए उपस्थित तक
पहुँचाओ भी

पुराने और
जहाँ के तहाँ खड़े
पीपल के वृक्ष की तरह गड़े
बने मत रहो
किसी अस्तित्व का पता

चलो दिगन्तों तक
और कहो वह सब
दिगन्त जिसके बिना गूँगे हैं
तरल नहीं हैं
प्रकाश या पवन की तरह

आकाश चीरते हुए
गरुड़ की तरह
फड़फड़ाते ही मत रहो
पिंजरे में बन्द
किसी पंछी जैसे!

1 दिसम्बर, 1983

कोरे उपभोक्ता

अब किसी को
ख़बर नहीं है प्यार की
दो-चार
कहीं होंगे ऐसे ख़बरदार
तो होंगे
हमें उनकी ख़बर नहीं है
और न उन्हें है
हमारी ख़बर

सबर भी
कहीं नहीं बचा

भगवान तो ख़ैर
पहले भी कितना था
कौन जाने

प्यार मगर
था
हम भी चाहे गए थे
निबाहे गए थे अपनी
कमज़ोरियों के बावजूद

इतना ही नहीं
लपेटकर रखे गए थे
कोंपलों में
ढँके गए थे फूलों से

सायास और सतर्क
बचाए गए थे
शूलों से

अभिषिक्त
हुए थे हम आँसुओं से
सब कुछ अतिरिक्त
दिया गया था हमें

और कदाचित्
तब
जब हम उनके पात्र नहीं थे

शायद इसलिए कि तब
हम जनता-मात्र नहीं थे
व्यक्ति थे

अपनी ही नहीं
अपने आसपास और
दूर-दूर तक की अभिव्यक्ति थे

मगर तभी
घिरी एक रात
अँधेरे में बनाकर जुलूस
कूच कर गईं
हमारे गली-कूचों से
प्यार की टोलियाँ
जाने किस दिशा में

और जब प्रभात हुआ
तो देखा हमने
प्यार कहीं नहीं बचा
सहिष्णुता कहीं नहीं बची

अँगुलियाँ जो
कभी छू लेती थीं
तो भर जाती थीं
सिहरन देह में
गूँध रही हैं वे अब
आटे की तरह कहो
माटी की तरह कहो
हमें ही नहीं हमारे
सारे देश को

लोग सब-के-सब
बना दिए गए हैं
जनता और वे
माँग
वस्तुओं की कर रहे हैं
परवाह किए बिना
मूल्यों की

माटी की तरह कहो
आटे की तरह कहो

गूँधते और
करते हुए एकाकार

कोशिश की जा रही है
हमें वस्तुएँ थमाने की
बनाते हुए हमें
कोरे उपभोक्ता

उपभोग किया जा रहा है हमारा
मतदान के लिए
ताने गए
वितान में।

1984

आजकल

आजकल
बाल की खाल
निकालता है जो,
सँभालता है सो
दुनिया की नकेल
अपने हाथ में,
बात की बात में!
मैंने भी सोचा है,
बाल की खाल का निकालना–
उससे भी बड़ी बात
सुई के छेद में
ऊँट को डालना!
क्योंकि नकेल जब
हाथ में रहेगी
दुनिया बँधी मेरी
बात में रहेगी।
बात का हल्ला

गोया मालवी बैलों
का पल्ला!
आँखें मिंच जाएँ
नसें खिंच जाएँ;
अभी वाह-वाह से
अभी आह-आह से
शहर की, गाँव की
गलियाँ सिंच जाएँ।
छीकूँ सो छन्द
और बोलूँ सो बन्द हो,
लिख दूँ कहानी अगर
बिलकुल शरच्चन्द हो;
उसमें दिखाए अगर कोई
कहीं नुक्स,
तो हिन्दी और अँगरेज़ी
और बँगला की बुक्स,
मुँह पर उसके फेंक के मार दूँ
हजारीप्रसाद द्विवेदी को तार दूँ कि
सत् आलोचना दुनिया से उठ रही है,
लोग पार्टियाँ बनाए बैठे हैं
और घुट रही है
उसमें सच्चे साहित्य की साँस
जैसे गेहूँ का दम
घोंट देता है काँस!
अभी चार दिन हुए
मुझे पेंसिल और ब्रश को छुए
तुम सुनकर चाहे हँसो चाहे खाँसो
मगर कोने में धरे रह गए
मेरे आगे
देश के जामिनी राय
और बाहर के पिकासो।
अभी एक लेख पढ़ दिया था

प्रगतिशील संघ में
माओत्से तुंग पर,
और एक छपवा दिया था कहीं
एडलर जुंग़ पर,
और ख़लील जिब्रान को तो
मैंने घोंटकर पी लिया है
और टी.एस. इलियट का टेकनीक
क़लम की नोंक पर सी लिया है
अब एकांकी पर लिखता हूँ
और कहानी पर
लोग हैरान होके
रह जाते हैं
मेरी रवानी पर।

1985

□□□